公众查阅法院卷宗研究

孙永军 著

东南大学出版社
SOUTHEAST UNIVERSITY PRESS
·南京·

图书在版编目（CIP）数据

公众查阅法院卷宗研究 / 孙永军著. -- 南京：东南大学出版社，2024. 12. -- ISBN 978-7-5766-1803-7

Ⅰ．D926.34

中国国家版本馆 CIP 数据核字第 2024G4H519 号

● 教育部人文社会科学研究项目"司法知情权视角下公众查阅法院卷宗研究（18YJA820017）"资助

公众查阅法院卷宗研究

Gongzhong Chayue Fayuan Juanzong Yanjiu

著　　者	孙永军
出版发行	东南大学出版社
社　　址	南京四牌楼 2 号　邮编：210096　电话：025 - 83793330
出 版 人	白云飞
网　　址	http://www.seupress.com
经　　销	全国各地新华书店
印　　刷	广东虎彩云印刷有限公司
开　　本	700 mm×1000 mm　1/16
印　　张	10
字　　数	196 千字
版　　次	2024 年 12 月第 1 版
印　　次	2024 年 12 月第 1 次印刷
书　　号	ISBN 978 - 7 - 5766 - 1803 - 7
定　　价	48.00 元

本社图书若有印装质量问题，请直接与营销部联系。电话：025 - 83791830。

责任编辑：刘庆楚　　责任校对：子雪莲　　封面设计：王　玥　　责任印制：周荣虎

摘　要

公众查阅法院卷宗指的是当事人之外的其他社会主体，包括公民、公司、企业、媒体、社会团体等对法院卷宗的获取、查阅、复制、摘抄等。公众查阅法院卷宗的权利来源应当是公众的司法知情权。其是个权利束，由多个具体的权利构成，可以细分为司法信息接近权、公开请求权和救济权等。从权利属性看，公众司法知情权属于基本人权的范畴，它是一种道德性权利，必须将其法律化，转化为法定权利。许多国家或地区通过立法相继将知情权这种应有人权变成了法定的人权。我国现行宪法上没有"知情权"的明确规定，公众司法知情权只能在宪法规定的人民主权原则、监督权、审判公开等原则中推导得出，但这种推导毕竟过于模糊。目前，我国对公众司法知情权的保护主要通过诉讼法的相关规定予以体现。现行诉讼法中虽然没有明确出现"知情权"或"司法知情权"的字眼，但出现了"公众"的字眼。例如，明确了除当事人及其代理人之外的社会公众可以查阅已经生效的民事行政裁判文书。公众可查阅的法院卷宗范围仅限定在生效的民事行政判决、裁定这个极其狭小的范围，法院卷宗中大部分内容被排除在外。英美国家的普通法传统具有司法公开的长久历史，在对待公众的司法参与、司法过程的公开等方面普遍持积极的支持态度，因此在公众查阅法院记录方面，无论理论研究，抑或是法律实践上都极为成熟。这些国家往往通过宪法、立法、判例或法院规则赋予公众享有查阅法院卷宗的权利。从公众查阅法院卷宗的制度表达和实践探索看，我国的公众查阅法院卷宗才刚刚起步，而且是极为谨慎的一小步。各地法院建立信息平台，名义上是方便"公众"查阅法院的记录，但从实际运作的情况看，各级法院进行的公众查阅法院卷宗的做法许多是名实不副的。它们多数名义上打着社会公众查阅的旗号，实际上还是将查阅的主体限定在传统的当事人及其代理人或辩护律师这个范围内。依照现行民事诉讼法和行政诉讼法的规定，公众查阅法院卷宗其实就是"螺丝壳中做道场"。查阅的卷宗内容限定在生效的民事行政判决、裁定上。公众可查阅法院卷宗的范围实际上是极其狭窄的，像立案决定书、上诉状、答辩状、抗诉状、合议庭的少数意见、庭审记录、庭审录像等其他种类繁多的法院记录大量地被排除在可以查阅的范围之外。况且，我国还存在着审判秘密制度和法院副卷制度，法院副卷是审判秘密的载体，许多不属于国家秘密的法院工作秘密藏身于法院副卷之中。审判秘密和法院副卷存在诸多弊端，其与司法公开的要求和程序公正的价值相悖，其存废是公众查阅法院卷宗必须面对的现实问题。

我国司法公开中存在的痼疾，难以克服，恰恰是缺乏像公众查阅法院卷宗制度这样一种基于权利保障的公众进行外在监督制度所致。我们要做的不是满足于司法公开的成绩裹足不前，而是通过公众查阅法院卷宗制度的建构将司法公开向纵深推进。构建我国的公众查阅法院卷宗制度首要坚持的是司法公开和保障公众司法知情权的主导性原则，在此前提下，尽量衡平司法信息公开与个人信息保护的紧张关系。从具体的操作看，首先是将公众查阅法院卷宗的要求上升为法律权利。可以考虑由立法机关授权最高人民法院制定司法解释或法院规则的方式赋予公众查阅法院记录的权利。但鉴于我国司法权运作的特点，规定时应尽可能具体，减少法院决定公众是否可以查阅法院卷宗的自由裁量空间。在允许公众可查阅法院的卷宗范围上，无论民事卷宗还是刑事卷宗，除了调解材料、调解书、涉及国家秘密和商业秘密的材料、涉及个人隐私的材料、涉及未成年信息的材料以及法院认为不宜由公众查阅的材料之外，所有与本案有关的信息原则上均应允许公众查阅,但涉及民事公益诉讼调解协议的材料除外。同时,应以壮士断腕之勇气,彻底废除我国法院的副卷制度和审判秘密制度,将副卷的部分内容纳入正卷,部分属于工作秘密的审判秘密上升为国家秘密进行保护。在查阅方式上,公众可以通过线上和线下两种查阅方式。无论这些记录的存在形式或所在位置,任何在法院档案室可以被公众查阅的记录和信息,在互联网上通过远程在线方式也应允许公众查阅。公众在向法院提出查阅法院卷宗时无需说明理由,但为了防止公众滥用查阅权,可以进行必要的程序性限制。

目 录

绪 论 ·· 001
 一、研究的背景 ·· 001
 二、研究的意义 ·· 003
 三、本书的内容 ·· 005
 四、研究方法 ·· 007

第一章 公众查阅法院卷宗的意义分析 ···················· 009
 一、从审判公开到司法公开 ······································ 011
 二、从"权力型"司法公开到"权利性"司法公开 ········· 016
 三、"权利型"司法公开的样式 ································· 019
 四、"权利型"司法公开与公众查阅法院卷宗 ··············· 023
 五、法院公共记录与公众查阅法院卷宗 ····················· 025
 六、公众查阅法院卷宗的价值 ·································· 030
 七、研究现状 ·· 032

第二章 公众查阅法院卷宗的权源：司法知情权 ········ 037
 一、知情权 ··· 038
 二、公众司法知情权 ··· 042
 三、司法知情权的法律保障 ····································· 046

第三章　公众查阅法院卷宗的比较法考察 ……………… 053
　　一、英美法系国家公众查阅法院卷宗制度 ……………… 054
　　二、日本公众查阅法院卷宗制度 ………………………… 072

第四章　我国公众查阅法院卷宗的梳理和检视 …………… 075
　　一、我国法院卷宗查阅的规定和实践 …………………… 076
　　二、我国公众查阅法院卷宗的表达与实践 ……………… 082
　　三、实践中的公众查阅法院卷宗 ………………………… 084
　　四、审判秘密制度与公众查阅法院卷宗 ………………… 088

第五章　我国公众查阅法院卷宗制度的建构 ……………… 115
　　一、公众查阅法院卷宗制度构建之必要性 ……………… 116
　　二、公众查阅法院卷宗的主导性原则 …………………… 118
　　三、我国公众查阅法院卷宗的要旨 ……………………… 129

结　论 ………………………………………………………… 142

主要参考文献 ………………………………………………… 146

绪　　论

一、研究的背景

本书的议题是公众查阅法院卷宗研究。尽管在英美法系国家，公众查阅法院卷宗并不是一个新鲜的话题，它们有较为成熟的立法规定和丰富的实践，但对于我国，还有些陌生，甚至隔膜。对我国而言，审判公开、司法公开、生效裁判文书上网等为公众所熟知，伴随着司法改革的推进，学术界对上述问题的研究也非常多。公众查阅法院卷宗问题是司法公开的下位概念，它是司法公开的进一步推进和深化。司法公开是司法文明与法治进步的重要象征，司法公开可以促进司法公正。司法公开是现代法治社会普遍遵循的一项重要司法原则，是司法正义实现状况的重要评判标准，也是提升司法公信、树立司法权威、满足人民群众日益增长的多元司法需求的必然选择。我国人民法院司法公开工作的宏伟历程及成绩是我国探讨公众查阅法院卷宗问题的大背景和基础。我国的司法公开从无到有、从追求数量到追求质量、从粗放型趋向精准化，公开的范围、广度、深度不断拓展和延伸。"司法公开"最初出现于2005年人民法院的文件，在此之前，人民法院只有"审判公开"的提法。如1999年3月8日实施的最高人民法院《关于严格执行公开审判制度的若干规定》专门就公开审判问题进行规范，但公开的范围限制在庭审公开之内。1999年10月20日，《人民法院五年改革纲要（1999—2003）》规定了审判公开的内容，并增加了"公开裁判文书"的要求，提出"通过裁判文书，不仅记录裁判过程，而且公开裁判理由，使裁判文书成为向社会公众展示司法公正形象的载体,进行法制教育的生动教材"。在庭审公开的基础上,增加了文书公开的内容。2005年《人民法院第二个五年改革纲要(2004—2008)》提出"要进一步落实依法公开审判原则,采取司法公开的新措施"。这是首次在官方文件中出现"司法公开"一词,这里,司法公开的含义是指法院审判公开及与审判相关事务的信息公开。同时,该文件提出"通过公开执行信息,加强对执行工作的管理与监督,确保执行公正",确立了执行公开的规则。2007年6月4日,最高人民法院发布《关于加强人民法院审判公开工作的若干意见》,坚持"依法公开、及时公开、全面公开"三原则,提出"要按照法律规定,在案件审理过程中做到公开开庭,公开举证、质证,公开宣判;根据审判工作需要,公开与保护当事人权利有关的人民法院审判工作各重要环节的有效信息"。公开的内容远远超过了庭审公开。2009年3月25日,《人民法院第三个五年改革纲要(2009—2013)》提出了"庭审公开、执行公开、听证公开、裁判文书公开",将法院信息公开确立为四个方面。2009年12月8日,最高人民法院颁布《关于司法公开的六项规定》,进一步将司法公开确定为立案公开、庭审公开、执行公开、听证公开、文书公开、审务公开六大内容。这是关于法院司法公开的最重要、最全面的一个文件。2012年11月8日,党的十八大报告提出要"推进权力运行公开化、规范化,完善党务公开、政务公开、司法公开和各领域办事公开制度"。2013年11月12日,党的十八届三中全会通过的《中共中央关于全面深化改革若干重大问题的决定》进一步提出,要"推进审判公开、检务公开,录制并保留全程庭审资料"。2014年10月29日,党的十八届四中全会通过的《中共中央关于全面推进依法治国若干重大问题的决定》指出:"构建开放、动态、透明、便民的阳光司法机制,推进审判公开、检务公开、警务公开、狱务公开,依法及时公开执法司法依据、程序、流程、结果和生效法律文书,杜绝暗箱操作。加强法律文书释法说理,建立生效法律文书统一上网和公开查询制度。"

我国司法公开规范化、制度化、信息化水平显著提升,审判流程公开、庭审活动公开、裁判文书公开、执行信息公开四大平台全面建成运行,开放、动态、透明、便民的阳光司法机制已经基本形成,在保障人民群众知情权、参与权、表达权和监督权，促进司法为民、提升公正司法能力以及弘扬法治精神等方面发挥了重要作用。2018年最高人民法院《关于进一步深化司法公开的意见》（法发〔2018〕20号）在进一步深化司法公开的内容和范围、完善和规范司法公开程序、加强司法公开平台载体建设管理、强化组织保障等方面对推进我国的司法公开提出了新的要求。我国司法公开的历程及取得斐然的成绩是公众查阅法院卷宗议题的第一个背景。

公众查阅法院卷宗研究的第二个背景是我国政府信息公开的进步。在保障公众的知情权方面，不少方面已经走在司法公开前面。针对《政府信息公开条例》（简称《条例》）在实施中存在的一些问题，2019年修订后的《条例》，在保障公众知情权方面采取一些新的举措，也废除了一些不利于公众知情权的规定。首先，扩大主动公开的范围和深度；其次，明确了"公开为常态，不公开为例外"的原则；第三，明确了公开的范围，公众获取信息更为明了；第四，公开的方式多样化，公众获取信息更便捷；第五，明确监督机制，公众获取信息的保障考核制度、社会评价制度和责任追究。公众查阅法院卷宗就是公众司法知情权的体现和重要方面。政府信息和司法信息均为公共信息，本质上并无不同，信息的公开都是为了保障公众的知情权。政府信息公开条例的许多规定可以为司法领域拓展公众的司法知情权提供参考。客观地讲，相较于政府信息公开，司法领域对公众司法知情权的保护，显得稍显保守和拘谨。公开的范围还主要集中在生效裁判文书，公众可以查阅的生效法律文书也限于民事诉讼文书和行政诉讼裁判文书，法院卷宗中大量的信息依然是公众查阅的"禁区"。在充分肯定我国司法公开取得的辉煌成就的同时，如何进一步推进司法公开的广度和深度也提上了日程。公众除了通过审判流程公开、庭审活动公开、裁判文书公开、执行信息公开等平台查阅生效裁判文书之外，能否查阅法院卷宗中更多的内容？从比较法的角度看，英美法系国家允许公众查阅法院卷宗的立法和实践非常成熟，它们的做法，能否为我国司法公开的纵深推进提供参考和借鉴？

二、研究的意义

研究公众查阅法院卷宗具有重要的应用价值和学术价值。

1. 应用价值

（1）有助于扩大公众查阅法院诉讼档案的范围，保障公众的司法知情权。按照我国现行规定，诉讼当事人及其律师可以查阅除刑事案件副卷之外的诉讼卷宗，但公众有权查阅的法院卷宗只有已经生效的民事、行政判决书、裁定书（《民事诉讼法》第一百五十九条），民事、行政案件的其他诉讼文书、刑事案件的全部法院卷宗，除非法院主动公开，否则一概不允许公众查阅。这样就造成司法过程中的许多卷宗文件，尤其是关注度高的"敏感性"案件，尘封在法院的档案室不为公众所知。允许公众享有获取法院卷宗的权利，拓展查阅的诉讼档案范围，可以最大限度保障公众的知情权。

（2）有助于监督司法权的妥当行使。当下我国的司法公开属于"权力型"的司法公开，司法公开只是司法权的运作方式，是司法机关内部为规范权力行使而实行的管理，其行使与否，很大程度上取决于司法机关的自觉。除了《民事诉讼法》第一百五十九条等规定外，我国公众没有查阅、复印、摘抄法院卷宗的法律权利。司法公开常表现为"选择性"公开、"宣传性"公开，结果造成公众对许多案件，尤其是"敏感性"案件的司法运作无从知悉，对司法权的运作自然也起不到应有的监督作用。赋予公众查阅法院卷宗的权利，构筑以保障公众司法知情权为导向的公众查阅法院卷宗制度，可以监督、督促司法权的行使，形成有效的倒逼机制，最大程度实现司法公正。

（3）有助于深化司法公开。最高人民法院一直强调深化司法公开，党的十八届四中全会决定要求构建开放、动态、透明、便民的司法机制。党的二十大报告提出："强化对司法活动的制约监督，促进司法公正。"公众查阅法院卷宗制度的建设就是我国深化司法公开的有益探索，是司法公开改革进入深水区的重要表现；也是让公平正义可触可感可信，保障人民群众诉讼知情权、参与权、表达权与监督权的重要途径和方式。进入新时代，司法机关始终坚持以法治思维和法治方式，提升司法公开程度，保障人民群众对司法活动的知情、参与、表达、监督权，"努力让人民群众在每一个司法案件中感受到公平正义"[①]。

---

① 中共中央文献研究室编：《十八大以来重要文献选编》（上），中央文献出版社2014年版，第91页。

2. 学术价值

（1）有助于拓展司法公开的研究空间。我国司法公开的研究取得了丰硕的成果，但在理论上再创新也存在一定难度。本研究则是从公众司法知情权出发，将公众看作是司法信息的主动获取者，而不是被动接受者，以司法的使用者和监督者的视角看待司法公开，相信会有新的认识。在研究司法公开的文献中，尽管我们也能看到学者们对公众参与司法公开的建议等，但明确主张公众查阅法院卷宗的还极为鲜见。而且，在探讨公众查阅法院卷宗时，必然涉及我国法院副卷、审判秘密等问题。这些问题，近年来逐渐成为理论和实务中的热点问题之一，审判秘密制度和副卷制度的改革涉及我国司法体制、司法文化等更深层次的问题，是司法公开进一步深入无法回避的问题。因此，本研究可能会起到抛砖引玉的作用，吸引更多的学者研究该问题，将对司法公开的理论研究推向纵深。

（2）对规范司法权行使的研究提供某些启迪。近年来，如何规范司法权行使是我国理论和实务界关注的热点问题之一，但研究多从司法权本身的行使出发，寻求外在制约机制，促使司法权规范行使的研究思路不多。研究公众查阅法院卷宗制度，可为理论上探讨司法权的规范行使，提供可参考的思路。本研究主张从公众查阅法院卷宗权入手，实际上是试图构建权利监督权力（审判权）这种规范司法权行使的外在监督机制。

（3）拓展和深化公众司法知情权的研究。目前从宪法学、行政法学，甚至具体的公司法、消费者权益保护法角度研究一般知情权的成果较多，但对司法知情权尤其是公众司法知情权的研究却相对较少，因此，本课题有助于拓展和深化公众司法知情权的研究。

三、本书的内容

本书的研究对象为公众查阅法院卷宗，其具体内容分五部分。

第一部分的内容为公众查阅法院卷宗的意义分析。该部分旨趣在于界定公众查阅法院卷宗的内涵、探讨该议题的由来和研究该议题的意义。本书认为，尽管我国的司法公开取得了令人瞩目的成绩，但从本质上依然是"权力型"司法公开,与之相伴的难免是"形式性公开""选择性公开"和"宣传性公开"等。与"权力型"司法公开相对应的就是所谓"权利型"司法公开。司法之所以公开不仅仅在于司法机关的自觉和主动,更多的是来自当事人和社会公众的"权利"。这种"权利"除了道德意义的应然权利外,还直接来自于宪法、具体部门法的规定,是法定的权利。公众享有要求司法公开的权利,是"权利型"司法公开的应有之义和关键。公众查阅法院卷宗指的是案外人对法院卷宗的获取、查阅、复制、摘抄等。允许公众可以查阅法院卷宗的司法公开样式是"权利型"司法公开的重要形式和抓手。公众查阅法院卷宗使公众能够监督司法系统的运作,并有助于确保司法程序的公平和诚实。公众查阅法院卷宗在保护公众健康和福利方面发挥着不可或缺的作用。法院卷宗为媒体报道公众利益和关注的事项提供了必要的信息。

本书的第二部分内容是公众查阅法院卷宗的权源。如果从最根本的权源角度看,司法公开的权源应当是知情权,因为诸如表达权、参与权或监督权均属于由知情权衍生出来的第二性权利,或者说衍生出来的制度机能。知情权是前提和基础,没有知情的权利,恐怕参与权、监督权等权利就无法展开。从司法知情权的权利属性看,其属于基本人权的范畴。公众司法知情权是个权利束,它由多个具体的权利构成,又可以细分为司法信息接近权、公开请求权和救济权等。司法知情权本质上是基本人权,它是一种道德性权利,必须将其法律化,转化为法定权利。

本书第三部分的内容为公众查阅法院卷宗的比较法考察。我们重点选取英美法系国家,而不是大陆法系国家予以考察和介绍,是因为英美的普通法传统具有司法公开的长久历史,在对待公众的司法参与、司法过程的公开等方面普遍持积极的支持态度。与之相对,大陆法系国家因诉讼构造、诉讼理念等方面的原因,对于公众参与司法方面的态度则普遍比较保守和消极。自然对于公众查阅法院卷宗方面,无论在理论研究,抑或是法律实践上,大陆法系国家均少有建树。

本书的第四部分是我国公众查阅法院卷宗现状的梳理和检视。我们将对我国的法院卷宗制度、查阅法院卷宗以及公众查阅法院卷宗的制度表达和实践进行梳理和考察，以期对我国现行公众查阅法院卷宗的现状作出一个比较客观、冷静的评判。其中自然会涉及社会关注度较高的审判秘密、法院副卷制度及其改革问题。

本书第五部分的内容为我国公众查阅法院卷宗制度的建构。该部分首先论证了我国建构公众查阅法院卷宗制度的现实必要性。然后强调了建构该制度时应坚持的主导性原则，我们认为保障司法公开和公众司法知情权是首要的原则，在此基础上应注意保护个人信息与公众知情权的平衡。在具体的制度建构中，首先要将公众查阅法院卷宗上升为法律权利，然后是我国公众可以查阅法院卷宗的范围，副卷的废除，再次是公众查阅法院卷宗的途径，最后是公众查阅法院卷宗的事由和手续等。

四、研究方法

本书在研究方法上主要采用：

（1）系统分析法。系统分析法就是将事物作为一个系统来对待并运用系统原理对目标、结构、功能、环境及规律进行深入剖析，由此选择最佳的行动方案。公众查阅法院卷宗问题涉及司法公开、公众的司法知情权、个人信息保护与公众知情权之间的平衡、我国法院副卷制度的改革、审判秘密制度的存废、其他国家或地区相关经验的借鉴等问题。欲得出较为科学的结论就不能对上述问题孤立看待，而要通盘考虑和分析。

（2）比较分析的方法。公众查阅法院卷宗在我国还是一个相对陌生的话题，但在英美法系国家，公众查阅法院卷宗问题无论从立法、判例，还是实践上都比较成熟。甚至在典型的大陆法系国家，如日本，近年来也有所松动。因此，本书将花一定的篇幅对这些国家或地区的做法予以介绍和比较。客观分析其制度分异、功能和运作情况。同时又要对我国的公众查阅法院卷宗的现状作出描述，比较其与域外的异同，藉此为我国司法公开、公众查阅法院卷宗制度的完善等提供较为扎实的理论依据和参照。

（3）目的分析法。目的不是由自然原因引起的自然的结果，而是通过意识观念等中介自觉地意识到了活动或行为所指向对象的结果。每条法律规则后面都源于一种目的。因此,本书在研究中不仅注重公众查阅法院卷宗立法例、判例及实践的介绍,更侧重于公众查阅法院卷宗现象的背景、机制、功能、价值、环境等问题的研究,希望能够为公众查阅法院卷宗制度的完善等提供统一的基础。

第一章

公众查阅法院卷宗的意义分析

公众查阅法院卷宗是司法公开的下位概念，或者说是司法公开[①]的深化。我国学者将《宪法》第一百三十条规定："人民法院审理案件，除法律规定的特别情况外，一律公开进行"，作为司法公开的依据和基础。而且传统上将司法公开与审判公开等同[②]，从现在的理论和实践的发展看，当时对司法公开的认识过于狭窄了。通常所讲的审判公开是指法院审判案件，除法律另有规定外，都在法庭公开进行，允许公众旁听，允许新闻记者采访和报道。司法公开并非是仅仅在审判阶段这么简单。它的实质是整个司法信息的公开。所谓司法信息，"应当是指司法机关在履行职责过程中制作、获取或者统计的，以一定形式记录、保存的信息"[③]。它不仅包括具体个案的司法过程中形成的信息，也包括司法机关的设置、职能、职责、权限与办案程序、司法机关的人事信息、司法机关的财务收支及诉讼费用信息、司法机关办理案件的统计信息等。随着近年来我国司法改革的推进，我国的司法公开在司法信息的广度和深度等方面均取得了长足的进步，但依然存在一些根本性的问题。它没有从根本上改变我国司法公开的"权力型"构造，为了实现司法公开的旨趣，就必须实现从"权力型"的司法公开向"权利型"的司法公开转化。公众查阅法院卷宗议题正是由此而来。

[①] 关于司法、司法机关，我国理论和实务界有不同的认识。广义说认为的司法等同于政法，司法机关等同于政法机关，包括公安机关、国家安全机关、司法行政机关、军队保卫部门、监狱等负责刑事侦查的机构。狭义的司法是指国家司法机关及其司法人员依照法定职权和法定程序，具体运用法律处理案件的专门活动。司法机关包括法院和检察院。最狭义的司法指的是法官依照法定职权和程序进行事实认定和法律适用行使判断权的过程，司法机关仅指的是法院。本书采用最狭义的界定说。

[②] 例如刘敏教授曾经就认为司法公开即审判公开，是现代司法的一项基本原则。现在司法公开的内涵比审判公开的内涵要丰富得多，司法公开可以涵盖审判公开。参见刘敏：《司法公开的扩张和限制》，载《法学评论》2001年第5期。

[③] 谭世贵：《论司法信息公开》，载《北方法学》2012年第3期。

一、从审判公开到司法公开

公开审判制度是指法院审理案件，除法律规定的个别情况外，应当向社会和群众公开的制度。所谓向社会公开，是指允许新闻记者对庭审过程作采访，允许其对案件审理过程作报道，将案件向社会披露。向群众公开，是指允许群众旁听案件审判过程。审判公开这一诉讼制度的产生具有历史的必然性。它是资产阶级革命取得胜利后，新兴资产阶级针对欧洲中世纪封建主义专横、秘密审判提出的。正如贝卡利亚所言："审判应当公开，犯罪的证据应当公开，以便使或许是社会唯一制约手段的舆论能够约束强力和欲望；这样，人民就会说：我们不是奴隶，我们受到保护。"[①] 公开审判制度在第二次世界大战后逐渐成为国际社会公认的一项重要的国际司法准则。"这一原则是废除欧洲各国专制时代实行的秘密审判和君主干预司法的制度，向公众表明光明正大地行使审判权，并且以审判受观众的监督来保证其实行。因此，这是法治国家的一项根本原则。"[②]《世界人权宣言》第十条规定，人人完全平等地有权由一个独立而无偏倚的法庭进行公正的和公开的审讯，以确定他的权利和义务并判定对他提出的任何刑事指控。1966 年，联合国又通过了《公民权利和政治权利国际公约》，该公约第十四条进一步规定了公开审判的原则。即所有的人在法庭和裁判所前一律平等。在判定对任何人提出的任何刑事指控或确定他在一件诉讼案中的权利和义务时，人人有资格由一个依法设立的合格的、独立的和无偏倚的法庭进行公正的和公开的审讯。

我国的审判公开也具有悠久的传统。早在新民主主义革命时期，已有若干文件对审判公开作了具体规定，如 1925 年 7 月的《省港罢工委员会会审处细则》和 1932 年 6 月的《中华苏维埃共和国裁判部暂行组织及裁判条例》。[③] 1954 年《宪法》首先在最高规范层面上对审判公开作了原则规定："人民法院审理案件，除法律规定的特别情况外，一律公开进行。"1975 年

---

① （意）切萨雷·贝卡里亚著，黄风译：《论犯罪与刑罚》，中国大百科全书出版社 1993 年版，第 20 页。
② 樊崇义主编：《诉讼原理》，法律出版社 2003 年版，第 506 页。
③ 刘树德：《司法公开的中国表达》，载《中国法律》2013 年第 6 期。

《宪法》没有保留此规定。1978年《宪法》第41条第3款和1982年《宪法》再次规定了除法律规定的特别情况外，案件审理一律公开进行。现行三大诉讼法中均有审判公开的明确规定。

随着时代的发展和进步，审判公开（或曰公开审判）逐渐被内涵更为丰富的"司法公开"所取代。2005年以前在我国官方的文件中没有"司法公开"的称谓。2005年10月26日，最高人民法院颁布《人民法院第二个五年改革纲要（2004—2008）》提出"要进一步落实依法公开审判原则，采取司法公开的新措施"。这是首次在官方文件中出现"司法公开"一词。文件中，司法公开的含义是指法院审判公开及与审判相关事务的信息公开，包括执行信息的公开。

按照传统理解，审判公开包括公开审理和公开宣判两个方面内容；部分案件不公开审理（但应公开宣判）的案件，在开庭三日以前先期公布案由、被告人姓名、开庭时间和地点；不公开审理的，应当当庭宣布不公开审理的理由；人民法院审理案件一律公开宣判；一审法院违反公开审判原则的，二审法院撤销原判发回重审。我们传统上的公开审判更侧重于庭审阶段，几乎可以等同于庭审公开。但随着时代的发展，我国的审判公开向纵深发展，"审判公开"逐渐被内涵更丰富、观念更先进的"司法公开"所取代。

司法公开的重要意义和价值在理论界和实务界已经形成了共识。例如谭世贵教授将司法公开的价值归纳为保障人民群众知情权、参与权和监督权、加快建设公正高效权威的司法制度、预防司法腐败、实现司法实践与法学教育良性互动等。[①] 王晨光认为，司法公开是司法活动的性质和规律的内在要求，能够保证司法的公正性、能够确保司法机关依法独立行使国家审判权、能够取信于民、够保证司法公信力和权威的树立[②]。温金来等在《司法公开的内部功能和外部功能》一文中从内部功能和外部功能角度分析了司法公开的意义，前者侧重于对法院司法行为的规范，后者指向当事人的权利保护、

[①] 参见谭世贵：《论司法信息公开》，载《北方法学》2012年第3期。黄文艺也认为司法公开意义深远，具有促进社会监督、抑制司法腐败、增强司法公信、提升法官素质、推进普法教育、便利法学研究之功效。参见黄文艺：《司法公开意义深远》，载《法制与社会发展》2014年第3期。

[②] 参见王晨光：《借助司法公开深化司法改革》，载《法律适用》2014年第3期。

法制宣教和信赖提升。①

我国自 1954 年《宪法》确立了审判公开制度至今，一直致力于司法公开的推进。如果进行梳理的话，我国的司法公开经历了从 2004 年以前的庭审公开，到 2004—2008 年间的有限公开，再到 2009 年后的全面公开这一系列过程。尤其值得注意的是，2009 年最高人民法院颁布了《关于司法公开的六项规定》（简称《六项规定》），它标志着中国进入了司法全面公开的时期。《六项规定》作为一份纲领性文件，明确了司法公开的六大内容——立案公开、庭审公开、执行公开、听证公开、文书公开和审务公开。此后，围绕该规定最高人民法院还制定了相应的配套措施，如 2013 年最高人民法院发布的《关于切实践行司法为民大力加强公正司法不断提高司法公信力的若干意见》。难能可贵的是，《六项规定》首次明确了司法公开的制度旨趣，认为推进司法公开是落实公开审判的宪法原则，保障人民群众的知情权、参与权、表达权和监督权，维护当事人的合法权益，提高司法民主水平，规范司法行为，促进司法公正的重要举措。

2013 年以来，最高人民法院先后建立了中国裁判文书网、中国审判流程信息公开网、中国执行信息公开网、中国庭审公开网。四大司法公开平台让诉讼中的各个重要环节均向社会公开。最高人民法院先后出台《关于推进司法公开三大平台建设的若干意见》《关于人民法院在互联网公布裁判文书的规定》《关于人民法院通过互联网公开审判流程信息的规定》《关于人民法院执行流程公开的若干意见》《关于公布失信被执行人名单信息的若干规定》《关于进一步深化司法公开的意见》等十余个司法公开规范性文件。截至 2021 年 6 月，中国法院放在互联网上可供查询的裁判文书已超过 1.2 亿份，网站访问总量超过 634 亿次。② 2020 年度中国司法透明度指数第三方评估结果显示，中国裁判文书网在倒逼司法权力规范运行、推进普法宣传、依托司法大数据服务经济社会发展等方面的作用日益彰显，成为司法公开最大的亮点。随着

---

① 参见温金来：《司法公开的内部功能和外部功能》，载《人民司法》2015 年第 3 期。
② 参见乔文心：《司法公开让阳光下的正义可触可感》，载《人民法院报》2021 年 6 月 8 日第 02 版。

科技进步，智慧化、数字化的发展，司法公开的平台更多，方式更加便捷，除传统的新闻报纸、书籍出版等外，法院政务网站、12368诉讼服务平台、官方微博、法官博客、手机APP、微信等新平台或者载体纷纷得到应用。

正如最高人民法院副院长沈亮所言，中国的司法公开无论在范围、形式上，还是在深度、广度上，已经走在了世界前列。[①] 比如在公开范围上，不仅公开庭审过程、判决结果，也公开审判流程和生效判决执行情况；我国的司法公开逐渐形成了立案公开、庭审公开、执行公开、听证公开、文书公开、审务司法公开的全过程公开体系。不仅公开判决的最终结果，也公开裁判理由；不仅向当事人和诉讼参与人公开，也向社会公开，以保障人民群众对审判工作的知情权、参与权、表达权和监督权。

在新一轮的司法改革中，各级法院试图以司法公开为抓手和突破点，实现以公开促进公正，以公正促司法公信之效果。也必须看到，尽管我国的司法公开取得了长足的进步，但存在的一些问题也不容忽视，诸如形式主义公开、选择性公开、宣传性公开等有违司法公开宗旨的现象还在一些地方时有出现。

首先，形式主义公开。按照有的学者理解，基于不同的要求和所呈现出的不同状况，司法公开有全面公开、部分公开、过程公开、结果公开、形式公开、实质公开之分。[②] 因此，形式性公开本身并没有问题。但司法公开只是强调公开的形式，不注重实质性的公开，或者纯粹为了公开而公开，使公开流于形式，甚至异化为形式主义，就背离了司法公开的宗旨。以实践中较为重视的审判公开为例，在遇到重大案件时，有些法院为了考虑审判引起的社会效果，或为了"维稳"，虽然不得不公开审判，可又不愿意真正公开审判，因此就会出现中国特有的一种情况，即"内部人公开"，法院特意将案件安排在小法庭，以座位有限为理由，有目的地挑选旁听人员，且通常只有与法院意见一致的人员，如政府官员、人大代表、案件当事人、司法机关工作

[①] 参见 http://cpc.people.com.cn/n1/2022/0422/c64387-32406053.html。
[②] 参见陈玉忠：《中国司法的实质公开及其保障》，载《河北大学学报》（哲学社会科学版）2021年第5期。

人员、可控的新闻媒体记者才有资格旁听。① 法院的同志对实践中存在的形式主义色彩的司法公开也有较为清醒的认识。目前司法公开大多是法院自主的公开，外在的、形式上的较多，与当事人及社会关联性不够强，互动不够。有些公开还只是一种宣示，或者说只是法院事务性或管理性信息，还未触及社会及当事人最关注、最希望了解的实质性公开。② 在公开事项方面，工作结果公开较多，工作过程公开较少。虽然最高人民法院要求审判工作的各个流程节点向当事人公开，但多数法院仍然只将流程节点作为法院内部管理使用，公开事项方面结果多、过程少，也未能做到庭审的"实质化"，公众难免会对司法公开形成一种"形式化"的印象。③ 因此，应将司法公开做成"必答题"，要从"传者中心"向"受众中心"转变；要从形式主义的公开，到既要"走出去"也要"请进来"转变；要从公开程序性事项到重点公开实质内容的实质性公开转变。④

其次，选择性公开。所谓选择性司法公开，是指违反全面公开为原则、不公开为例外的规定，有选择地进行公开。司法机关往往会经过筛选，将其认为合适的、恰当的判决等司法信息进行公开。在法院主动公开的过程中，对于那些事实清楚，证据充足，能体现法官水平，法院公正判决的就会公开，而那些可能有错误的，判决事实理由不清的，法院就不会公开。大众知悉的往往是法院经过选择后的，愿意让公众知道的内容。这些年来，不少地方法院在电视直播法院庭审实况的基础上，还采取"网络直播"，有的还下达了数量"指标"，在司法公开方面进行了多种创新，着实值得称道。但人们也发现，社会关注度高或者涉及官员贪腐的"热点"案件，法院却极少组织直播，出现了"供给"与"需求"的不相匹配，没有满足民众对于审判公开的真实期待。⑤ 这种选择性公开，如果说是在我国刚刚推进

---

① 参见沈定成、孙永军：《司法公开的权源、基础及形式——基于知情权的视角》，载《江西社会科学》2017年第2期。
② 参见王韶华：《司法公开，还有很长的路要走》，载《人民法院报》2014年6月29日。
③ 参见蒋惠岭：《新形势下深化司法公开策论》，载《中国法律》2016年第6期。
④ 邹钢：《拓展司法公开广度深度，努力克服"选择性公开"》，载《人民法院报》2015年1月28日。
⑤ 参见游伟：《司法公开切忌"选择性公开"》，载《法律资讯》2010年第11期。

司法公开时，法官业务不熟或出于稳妥，慎重考虑进行有选择的公开，还在所难免的话，在司法公开向纵深发展的今天依然存在这种现象，则真是"选择性"的了。正如一位在基层工作的法官所言，实践中法官对完全有把握的案件，敢于、勇于公开，但对疑难复杂案件，害怕一不小心就会出现差错，对公开持保留态度、慎之又慎，甚至有不敢公开的现象。另外，向人大代表、政协委员形式公开的信息多，向当事人实质公开的信息却相对较少。①

最后，宣传性公开。为了推进法官和社会公众对司法公开的价值认同，司法公开需要宣传，但推进司法公开的宣传不能变成宣传性司法公开。有些法院对于主动公开的动力不足，但在国家司法改革的大背景下，司法公开作为改革突破口，它们又不能不有所作为。它们不是扎扎实实地按照最高人民法院的要求探索司法公开的举措，而是挖空心思"出经验""树典型"。在这种情况下，司法公开成为某些司法机关的"宣传阵地"和"秀场"就不是什么难以理解的。正如有些学者所言，"一些法院把司法公开片面化，把司法宣传当成司法公开，片面追求'出镜''出彩'；一些法院把司法公开形式化，不在案件实质公开上下工夫，一门心思做表面文章"②。这样的司法公开成了某些法院的"自卖自夸"的"政绩"，完全违背了司法公开的初衷。当然，宣传性司法公开实质上也是选择性公开。

二、从"权力型"司法公开到"权利性"司法公开

之所以在司法公开过程中出现形式主义司法公开、选择性司法公开和宣传性司法公开等现象，是多种原因造成的。传统上，我国民众对诉讼存在着畏惧、厌恶、逃避心理，对司法公开不关心，甚至有一定的抵触，对司法公开的需求不足；从现实上看，司法公开对司法机关及其工作人员带来了极大的压力，对他们的素质、工作方法、工作态度等方面都提出了更高的要求，这使得司法机关及其工作人员对司法信息公开也带有一定的抵触情绪。观念上，很多法院并没有真正理解司法公开的精神实质，仅仅视其为一项形象工

---

① 参见党振兴：《法官视域下司法公开问题探究》，载《贵州警官学院学报》2020年第4期。
② 孙海龙，张琼：《基层法院深化司法公开的实践对策》，载《人民司法》2015年第1期。

程，因而只注重在形式上做表面文章。在这种错误理念的指导下，司法公开更多地被定位于司法权力的运行方式公开，而不是当事人和社会民众权利话语的表达方式，司法公开因而更多呈现出自上而下的管理模式，而非自下而上的服务态度，导致公开程序的工具化和公开效果的形式化。① 但问题表象的背后揭示着这样一个事实和更为深层次的原因：我国的司法公开是"权力型"的司法公开。相比于2005年前，随着我国司法公开向纵深的推进，我们在司法公开保障公众的知情权、参与权、监督权等方面取得了斐然的成绩和进步，但客观地讲，尚未从根本上改变"权力型"的秉性和特质。所谓"权力型"的司法公开，是指司法公开以权力为主导，由权力来推动，通过权力的选择性行使来进行司法公开。② 这里的权力当然指的是法院所享有的广义司法权。现阶段的司法公开"更多地体现了法院本位与主导的指导思想，未完全以满足当事人的司法主体性需求以及确认和保障当事人和民众对司法工作的知情权、参与权和监督权为根本出发点和主导目标追求"③。司法公开不公开，公开什么几乎取决于法院自身或上级法院的要求和需要。如此以来，司法公开纯粹成了司法权力运作方式之一，是司法机关内部为规范权力的行使，而自上而下的管理，而非基于当事人程序主体性和知情权基础上的"服务"。④ 在"权力型"司法公开下，公开必然是选择性、形式性的，必然是法院自身利益最大化下的司法公开。

与"权力型"相对应的司法公开就是所谓的"权利型"的司法公开，司法之所以公开，不仅仅在于司法机关的自觉和主动，更多的是来自当事人和

---

① 参见崔艺红：《深化司法公开 彰显法治文明》，载《人民法院报》2014年2月20日。
② 这里需要做进一步的解释和说明。所谓"权力型"和"权利型"只是我们观察和分析我国司法公开的一个分析工具和框架，并不意味着我国的司法公开没有尊重当事人和社会公众权利的成分，事实上近年来我国司法公开方面的一系列改革和举措也正是试图向"权利性"司法公开转变。理论和实务界的不少学者在研究我国司法公开时，曾直接或间接提到"权利型"或"权力型"的问题。汤维建教授在分析我国民事庭审程序改革时也用"权力型司法"和"权利型司法"的概念。他认为，权力型司法就是法官在司法中，通过运作公权力，进行单向性司法，其主观主义、片面主义、形式主义的色彩非常浓厚。权利型司法是以当事人为主角的司法。参见汤维建：《民事庭审程序优质化改革的理论与实践》，载《贵州民族大学学报》(哲学社会科学版)2016年第3期。
③ 北京一中院课题组：《关于加强司法公开建设的调研报告》，载《人民司法》2009年第5期。
④ 参见姜树正：《民众知情权视域下的司法公开进路》，载《山东审判》2013年第5期。

社会公众的"权利"。这种"权利"除了道德意义的应然权利外,还直接来自于宪法、具体部门法的规定,是法定的权利。"司法公开不是司法机关的一项可选择性权力,而是司法机关的法定职责和义务,是对司法权行使的规范和约束,是对社会公众知情权、参与权、监督权的保障,这是司法公开的一个基本属性。""(这是)在思想认识和工作理念上实现从法院权力本位向社会公众权利保障本位的转变,明确依法公开并不是对法院、法官司法权的干涉,而是对依法独立行使审判权的有效保障,克服排斥、抵触心理。"①

"权利性"司法公开意味着,请求司法公开是当事人和社会公众的一项司法性权利,法律应当确认和保障。法院的主动公开是为了满足社会对司法信息的一般需求,而当事人和社会公众依申请公开司法信息是为了满足社会对司法信息的特殊需求。申请公开的内容不仅应体现在权利人可以随时查询相关司法信息,还应体现在法院怠于履行公开义务时,权利人得申请法院公开相关司法信息,申请人对法院不公开决定不服的,法律还须赋予其程序救济权。②

真正将司法公开落到实处,实现其旨趣,就必须实现从"权力型"司法公开向"权利型"司法公开的转换。在"权利型"司法公开下,司法公开不是法院自觉规范司法权运作的反思和良心发现,也不是显示其"司法为民"决心的刻意而为,它是法院的义务和职责。司法公开是司法机关的一项义务,其目的是为了保障公民司法知情权的实现。然而调查显示,司法机关的工作人员对司法公开是当事人的一项基本权利的认识还不够深入,这样就导致实践中在贯彻执行司法公开制度的时候存在一些困难。③ 司法公开意味着,如果司法应当公开而没有公开,可能承担某种不利的后果。对于当事人和社会公众而言,要求法院进行司法公开,不再是道德式的劝慰和恳求,而是法律上正当的权利诉求。

---

① 李静:《略论司法公开的功能、体系及保障》,载《人民法院报》2013年12月25日。
② 参见张武:《司法公开程序保障中的权利意识》,载《人民司法》2014年第13期。
③ 参见李娜:《知情权与司法公开法治化》,载《学术探索》2016年第8期。

三、"权利型"司法公开的样式

"权利型"司法公开与"权力型"司法公开相比,其展现出来的应然面目是什么?理论和实务界在探讨我国司法公开的完善时,提出了及时公开、全程公开、透明公开的建议,这些观点是有价值的,但我们认为,也存在概括性不足、定性不准确的问题。例如所谓的透明性公开的说法就是同义反复,公开就意味着透明,又何来透明性公开之说。就"权利型"司法公开而言,像及时公开这种技术性要求对于维护司法知情权固然重要,但其不是"权利型"司法公开的本质性或核心性的要素。

第一,"权利型"司法公开是主动公开。司法公开对于当事人及其代理人以及社会公众而言,是权利,而对于法院而言则是义务。它要求作为司法公开的义务应积极主动地进行公开,为民众提供方便、快捷的司法信息查阅途径。真正变被动公开为主动公开,就是主动接受社会的监督。习近平总书记曾指出,"要坚持以公开促公正、以透明保廉洁,增强主动公开、主动接受监督的意识,让暗箱操作没有空间,让司法腐败无法藏身"。主动公开就是按照重要指示要求,努力让正义不仅要实现,还要以看得见的方式实现。

第二,"权利型"司法公开是依法公开。所谓依法公开,是指法院严格履行宪法、法律规定的公开审判职责,切实保障人民群众参与司法、监督司法的权利。严格执行法律规定的公开范围,依法公开相关信息,同时要严守国家秘密,保护当事人信息安全。尊重司法规律,明确司法公开的内容、范围、方式和程序,确保司法公开工作规范有序开展。当事人及社会公众查阅、复制司法信息也应按照法定的方式和程序进行。

第三,及时公开。法谚有云"迟到的正义为非正义"。"权利型"司法公开要求及时公开。它要求法院严格遵循司法公开的时效性要求,凡属于主动公开范围的,均应及时公开,不得无故延迟。有明确公开时限规定的,严格在规定时限内公开。没有明确公开时限要求的,根据相关信息的性质特点,在合理时间内及时公开。尽管及时公开并不属于"权利型"司法公开的核心要素或本质性特征,但它对于及时维护当事人及社会公众的司法知情权仍有重要意义。

第四,"权利型"司法公开是实质公开。对于何为实质性和形式性可以从实务和学理两方面进行说明。从实务的角度,所谓实质性公开就是紧紧围绕人民群众的司法需求,依法及时公开当事人和社会公众最关注、最希望了解的司法信息,将司法公开的重心聚焦到服务群众需求和保障公众参与上来。所谓形式性公开,可以通俗地讲,是"胡子眉毛一把抓"式的司法信息公开,并不刻意选择人民群众最关心的司法信息。① 如果从学理上界定,所谓形式公开,指的是案情、审判人员、审理过程(举证、质证、认证)、裁判文书、宣判等内容的公开;实质公开则是指法官对形成和做出判断的思维过程的公开。王韶华认为,实质公开是指公开合议庭、审判委员会各成员的意见理由,对存在不同意见的少数意见应与生效裁决意见一起公布。实质公开遇到的第一个障碍就是审判秘密的规定。② 其实,司法信息、过程的透明性对裁判正当性的获取固然重要,但法官心证的公开对提高当事人和社会公众对裁判接纳度的意义却更为重要。法官心证公示,它是指法官对案件的争点、待证事实、证据材料、所涉法律问题等所形成的认识、评价和判断等整个心证,向当事人公开,让当事人对法官的心证有所了解。"法官心证公开有助于保障听审请求权,因为:法官心证公开了,当事人在了解法官的心证以后,可以及时补足证据,以更好地行使证明权;法官心证公开了,当事人双方可以更加充分地进行辩论,以发表自己的意见和主张;法官心证公开了,法官才能听到当事人对其心证的意见,在此基础上及时纠正不妥当的心证,从而也使得当事人的意见受到法院的充分尊重。"③

法院裁判理由的公开是司法实质公开的重要内容,但实质公开并不限于

---

① 官方在探讨实质性公开时,就是从这个角度。在 2018 年最高人民法院《关于进一步深化司法公开的意见》(法发〔2018〕20 号)"基本原则"部分谈到坚持实质公开时,就认为司法信息的公开应围绕人民群众关注的重点和司法需求。但笔者认为,这种界定并不十分确切。因为这种意义的实质公开仍然是选择性公开的一种表现形式,与全面公开的要求是相违背的。司法机关在公开时,不能主观地认为某些是人民群众关注的,某些不是人民群众关注的重点,而决定是否予以公开。这样的主观认为,最后还会滑向选择性公开。
② 参见王韶华:《司法公开与审判秘密》,载《人民司法》2014 年第 5 期。
③ 刘敏:《论司法公开的深化》,载《政法论丛》2015 年第 6 期。

此。整个诉讼的过程中都存在法官心证公开的问题。例如在民事诉讼中，审前准备阶段或者在庭审过程中，如果法官发现当事人的主张不正确或者证据不充分的话，应当向当事人公开其对当事人的主张和证据认识的心证，促使当事人提出正确的主张和充分的证据；如果发现当事人之间争点不清晰的话，法官对争点的认识应当向当事人公开，并征求当事人的意见；如果法官发现当事人双方有遗漏的事实和法律问题没有辩论的，法官应当公开其心证，让当事人双方就遗漏的事实和法律问题进行辩论，发表其意见和主张。法庭辩论临终结之前集中公开心证，即要求法官在法庭辩论临终结之前，将法官对案件的事实和适用法律所形成的初步心证，先向当事人双方予以适当公开，即将现行审判实务中的合议庭当庭宣布的"评议结果"视为法官初步形成的心证，允许当事人双方对法院的这一心证内容发表自己的观点和主张，法官在听取当事人双方意见的基础上再对案件进行最终的评议，并可以修正其以前所形成的心证。因此，"判决理由公开作为法官心证公开的一环，其和诉讼进行过程中的心证公开，前后相继，共同构成了法官心证公开，只是在公开的阶段、方式方面有异而已"①。

第五，"权利型"司法公开是全面公开。以往讲全面公开是在针对司法实践中裁判文书选择性公开的背景下进行的。的确，实践中有些法院出于种种考虑，对有些"敏感"案例遮遮掩掩，对有些"典型"案件则大张旗鼓地进行宣传。但我们讲的全面公开的涵义却并不局限于此。作为传统意义上的全面公开，指的是"以公开为原则，以不公开为例外"，所有的司法信息，除了涉及国家秘密或个人隐私等外，均应当公开。我们讲的全面公开，涵义更加丰富，除了具有传统的全面公开的内容外，还包含以下涵义：从公开的内容看，全面公开意味着全部司法信息和司法过程的公开两方面的内容。这一点有争议，有学者认为，司法公开就是司法过程的公开，和审判公开大体一致。将司法公开和司法信息公开等同是一种认识误区。我们认为，司法是动态和静态的结合。所谓动态就是司法的过程，从立案、受理、审理，到做出裁判

---

① 孙永军：《论法官心证的构成》，载《南京农业大学学报》（社科版）2009年第4期。

乃至执行的动态过程。所谓静态就是在这些阶段中的司法信息，诸如司法程序信息（立案信息、侦查信息、审查起诉信息、审判信息、执行信息、听证信息）、司法统计信息、司法行政信息（司法机关本身的信息、司法人事信息、司法财务信息等）等。司法过程公开可以说是司法公开的表，司法信息公开是司法公开的里。前者解决的是司法以"看得见的方式"进行，后者是司法运作的基础、保障和结果，两者互为表里，不可偏废。在实务中，民众对司法公开有误解，简单地将司法公开等同于生效裁判文书的公开，生效的裁判文书固然是司法公开的重要内容，但其却不是应当公开的全部内容。在司法改革中，许多生效裁判文书外的信息已纳入司法公开内容的范围。从大的方面讲包括人民法院基本情况信息、审判执行信息、诉讼服务信息、司法改革信息、司法行政事务信息、国际司法交流合作信息、队伍建设信息等。其中的审判执行信息又具体包括司法统计信息，审判执行流程信息，公开开庭审理案件的庭审活动，裁判文书，重大案件审判情况，执行工作信息，减刑、假释、暂予监外执行信息，企业破产重整案件信息，各审判执行领域年度工作情况和典型案例，司法大数据研究报告，审判执行理论研究，司法案例研究成果，其他涉及当事人合法权益、社会公共利益或需要社会广泛知晓的审判执行信息等。王晨光教授也认为，司法公开不应当仅仅是司法判决的公开，而且要包括所有除法律规定不公开的信息以外的所有司法信息的公开，甚至包括在司法过程中那些对司法机关和人员施加影响的人、组织和因素的公开。这种公开有助于向这些机构和组织昭示司法的独特程序和作用，使其明确国家审判权的惟一性和专属性，杜绝各种私下交易对司法权和司法活动进行影响和干预，挤压非公开的空间和渠道，保障审判权的依法独立行使。① 也就是说，"权利型"司法公开还有拓展的空间。

第六，"权利型"司法公开应当是有责公开。有责公开意味着相对于当事人及社会公众的司法知情权，司法机关对司法过程和司法信息的公开是义务或职责，如果其不按照法律规定的要求进行公开，将要承担某种不利的后果。

---

① 参见王晨光：《借助司法公开深化司法改革》，载《法律适用》2014年第3期。

"无救济就无权利",司法知情权的实现,司法公开责任的落实有赖于司法公开救济程序的保障。但令人遗憾的是,我国现在却缺乏这样的程序。我国现有的《政府信息公开条例》只适用于作为行政机关的政府,司法机关不在其调整的范围之列。尽管最高人民法院先后出台的《六项规定》、《示范法院标准》等司法文件也规定了立案公开、执行公开、听证公开、文书公开和审务公开,但只规定了应当做什么,也没有建立相应的救济机制。在新一轮司法改革的探索中,虽然有的法院出台了一些司法公开的办法或监管机制,但也仅仅是内部监管,效果有限。

目前最大的问题是当事人及公众缺乏有效的外部救济渠道。我们认为,落实司法公开就要构筑内部救济和外部救济双重的救济途径。内部救济主要是针对于诉讼的当事人,在诉讼程序内部解决司法公开的问题。可以通过健全法官释明制度、判后答疑制度、发回重审制度、以及将法院不对当事人进行司法公开作为引发审判监督的事由等方式予以解决。限于论题,这些内部救济的具体内容,就不予详谈了。外部救济则可以考虑借助独立诉讼的方式进行。通过行政诉讼的方式敦促司法机关公开信息,主要是针对一般公众对司法信息方面的权利救济。对于属于法院应当公开的司法信息,例如立案信息、合议庭或审委会评议信息、执行信息、听证信息、文书信息、审务信息等,司法机关不主动公开或民众申请公开后其仍不公开的,应当允许一般民众提起行政诉讼。可能有人疑问,法院又不是行政机关,允许申请人提起以司法机关为被告的行政诉讼是否妥当?我们认为,通过行政诉讼的方式要求司法公开在理论上是站得住脚的。传统观点认为,法院是审判机关,行使的是审判权即审理和裁判的权利,与行政机关的行政权不同,不宜像行政机关一样可以成为被告。但现在的法院既行使审判权也行使司法行政权。其司法行政权包括审判管理、司法政务管理和人事管理等。司法信息公开就是法院将其掌握的信息向当事人及公众公开的行为,是审判事务管理的重要内容,从行政上属于行政行为,不属于司法判断权,自然可以作为行政诉讼的对象。

四、"权利型"司法公开与公众查阅法院卷宗

公众享有要求司法公开的权利,是"权利型"司法公开的应有之义和关

键。相对于具体案件中的当事人，公众对司法信息的知悉要求，对促进司法公开的价值实现更为重要。就当事人而言，因为其亲自或通过代理律师直接参与司法的进程，获得了较为严密的程序保障，能够有效影响程序的结果，进而实现个案的公正。然而，对整个社会而言，司法权威的树立、法律信仰的养成，仅满足当事人对司法程序的有效参与是远远不够的，更重要的是公众的参与和认同。公众对司法过程、司法信息的知晓程度直接影响着公众对司法的信赖，相反，缺乏公众参与的司法，注定难以收获普遍的司法信赖。赋予公众查阅法院卷宗的权利正是公众有效参与司法、监督司法权运作的重要方式。新加坡学者 Vanessa Yeo 写了一篇名为《查阅法院记录：司法公开的秘密》的文章，其充分论述了公众查阅法院卷宗对于司法公开的重要意义，颇有启发作用。[①] 不可否认，目前我国法院司法公开的许多举措为公众查阅案件提供了便利，譬如，公众可以通过中国裁判文书网等信息平台查阅已经生效的判决书、裁定书，了解案件的信息。但是，这些举措没有从本质上改变其"权力型"的属性。除了民事诉讼法和行政诉讼法的相关规定外，我国其他法律并没有直接赋予公众可以查阅法院卷宗的权利。所以，当法院不公开案件信息，或者社会公众要求查阅法院卷宗的请求被拒绝后，公众将无所适从。赋予公众查阅法院卷宗的权利，有助于消除我国司法公开中存在的"选择性"公开、"形式性"公开等现象，充分实现司法公开的旨趣。

  从上文我们的梳理来看，我国在司法改革的进程中，司法公开的步伐越来越大，从侧重于庭审公开的审判公开，逐渐走向了全过程的司法公开。从当事人及民众的司法知情权来看，也必然要实现从"权力型"司法公开向"权利型"司法公开的转型，而允许公众可以查阅法院卷宗的司法公开是"权利型"司法公开的重要形式和抓手。对于公众查阅法院卷宗问题，尽管在普通法国家比较普遍，但是对我们而言却相对陌生。何谓公众查阅法院卷宗？下文我们拟从普通法系的公众查阅法院记录出发，对其作出相应的界定。

[①] 参见 Vanessa Yeo. Access to Court Records: The Secret to Open Justice. Singapore Journal of Legal Studies, 2011: 510-532.

五、法院公共记录与公众查阅法院卷宗

"法院记录"属于公共记录的一种,所谓公共记录,是指任何政府机构制作或接受的与公共事务有关的、依据法律或条例制作或接受的所有的文件,包括信函、图表、书籍、照片、影片、声音记录、电磁或其他磁带、电子数据程序记录或其他的档案材料,无论其存在形式或特征为何。一般而言,现代国家往往通过诸如《公共记录法》《政府信息法》或《信息公开法》等规定政府的信息公开义务。尽管许多国家对政府的信息公开普遍作出了规定,但是并非所有的国家在上述法律中直接明确规定法院记录的公开问题。例如美国北卡罗来纳州公共记录法将"北卡政府的机构"解释为包含所有的公共官员和公共办公室,因此推出其包含法院官员和雇员,公众可自由查阅法院记录。对法院记录的明确规定主要反映在法院规则等规范里。在美国,查阅法院记录的权利,特别重要的是通过普通法权利"查阅法庭记录以进行检查和复制"演变而来。普通法国家查阅法庭记录的权利固有的期望是,任何人都可以在工作时间内来到法院书记官办公室并请求检查法庭记录,而且几乎可以即时查阅。这种权利是法院公正性的核心保障。任何隐藏法庭记录的决定都需要密封令。查阅法庭记录的权利也是自由的核心:如果无法将法庭记录作为公共记录查阅,则无法想象法律将如何行使。美国最高法院在 Nixon v Warner Communications, Inc (1978) 案中重申了"查阅法庭记录以进行检查和复制"的普通法权利,其中裁定查阅法庭记录权的各个部分作为第一、第四、第六和第十四宪法修正案所固有的。在美国,获取法庭记录受美国宪法修正案中的民权管辖,而不是受信息自由法管辖。但是,随着法庭记录越来越容易在网上获取,对私人信息破坏的担忧已成为一个重要问题。过去,获取法庭记录需要人们亲自前往法院索取文件。然而,随着人们现在可以相对轻松地在网上访问这些记录,高度敏感的信息(即受害者姓名、社会安全号码等)面临被公开利用的风险。

这里有必要介绍下 CCJ/COSCA Guidelines (2002)[①],该指南是(美国)

---

① 参见 http://www.ncsc.org/Topics/Access-and-Fairness/Privacy-Public-Access-to-Court-Records/Resource-Guide.aspx.

国家司法研究所资助，（美国）国家法院国家中心和司法管理研究所主持，代表大法官会议（CCJ）和国家法院行政会议（COSAC），所形成的研究报告。该报告的全称为"Developing CCJ/COSCA Guidelines for Public Access to Court Records"，旨在为全美各级法院如何完善自己的政策，为公众获取法院记录提供指南。该指南将法院记录分为三大类。首先是被法院或法院工作人员收集、收到、保存的司法程序有关的任何文件、信息或其他东西。其次是任何索引、日程表、诉讼事件表、诉讼登记、诉讼程序的官方记录、命令、法令、判决、会议记录、和被案件管理系统创造或被法院工作人员所准备的与司法程序有关的任何信息。第三是法院或法院工作人员持有的属于法院或法院工作人员的行政事务但与特定案件无关的信息（相当于我国的审务信息）的记录。这三者都属于应当允许公众获取的法院记录的范畴。该指南同时建议，法院记录并非是法院所拥有的所有记录，一些与公共利益没有直接关系的记录不属于允许公众获取的范围。它们包括：被同时作为法院员工为法院服务的公共官员持有记录，例如地产记录、人口统计、出生记录等。

可见，在美国法的语境中，法院记录是法院拥有的，与公共利益、司法程序、案件有关的所有信息资料。从形式上看，除了传统的纸质信息，还包括以照片、影片、声音、电磁、电子书籍等形式存在的司法信息。因此，英美法国家用"court records"而不是"court documents"或"court files"来指代法院记录。我国通常用"卷宗"来称谓法院归档的文件。我国法院的卷宗分为正卷和副卷，正卷与副卷中内容有所不同。以民事案件为例，正卷中的材料包括：人民法院民事一审案件立案审查表；审判流程管理信息表；立案审批表；民事起诉状；受理案件通知书（公民起诉的民事案件用）；人民法院民事诉讼风险提示书；民事诉讼案件举证通知书；民事经济案件诉讼当事人限期举证通知书；人民法院送达回证；应诉通知书（民事案件通知公民用）；送达起诉状副本笔录；答辩状；审理案件指定书；证据目录；询问证人证言笔录；证据材料；授权委托书；律师事务所函；预备庭笔录；人民法院公告；传票；出庭通知书；法庭庭审笔录；民事案件代理词；民事判决书裁定书或决定书等。副卷主要包括：承办人与有关部门内部交换意见材料或笔录；有关本案的内部请示及批复；合议庭评议笔录；案情综合报告原、正本；审判庭研究、汇报案件记录；审判委员会讨论笔录；判决书、裁定书原本；其他不宜对外公开的材料；备考表、卷底等。根据《人民法院诉讼档案管理办法》第三条的规定，法院的档案除了纸质的材料外，还可能包括录音带、录像带、影片等声像材料。

英美国家的法院记录大体包括案件记录、程序事项记录和审务记录三部分内容。具体包括：

（1）任何文件、信息或其他由法院或书记员收集、接收或保管与司法程序有关的信息。该信息包含所有与司法程序有关的信息，其不限于"归档"信息或"成为法庭记录的一部分"，因为某些类型的法院作出决定所需的信息可能不会"归档"或者从技术上讲是法庭记录的一部分。一个例子是，随附豁免申请费的动议而提出的关于贫困问题的投诉；还包括在听证会或审判中没有被接纳的证据。常见做法是：在许多法庭上，在审判结束时将证物退还给当事方，特别是如果它们没有被接纳为证据。这些证据必须根据准入政策进行审查。可能这种做法应该在访问策略中确认，表明某些展品可能仅可供公众使用，直到根据法院政策归还给各方。该定义还包括法院作出裁决所使用的所有信息，即使上诉法院随后裁定该信息不应被考虑或与作出的司法裁决无关，为了法院对其裁决负责必须考虑并构成法院裁决的基础。

（2）任何索引、日历、诉讼记录、官方诉讼程序、命令、法令、判决的记录，以及案例管理中的任何信息，它们由法院或书记员创建或准备。该定义旨在涵盖以与法院本身产生的与司法程序有关的信息，无论信息的产生是通过法院行政人员或书记官、办公室人员。它包括两类信息：一类包括通知、会议记录、命令和判决等。第二类包括为管理法院案件而收集、生成或保存的信息。这些信息可能永远不会出现在文档中；它可能只作为其中的信息存在数据库的字段中，如案件管理系统、自动登记行动，或案件或当事方的索引。在美国的一些州，记者的笔录笔记可以被视为记录的一部分。在有些州，记者的笔记由法院所有，而笔录则由记者所有。

（3）审务信息。在许多州，这些类别的信息传统上未被视为法庭记录的一部分。但有些州将这些由法院和书记官保存的审务信息作为法院记录的内容。此类的示例信息包括：法院内部政策、备忘录和信件，法院预算和财政记录，以及其他常规制作的行政记录、备忘录和报告以及会议记录等。

我国所称的"卷宗"与英美法国家法院记录中的案件记录大致相同。但是，英美法系国家的法院记录包含的司法信息比我国"卷宗"信息量要大。当然，即使在英美法系国家，也并非所有的法院记录公众都可以获取，出于对公共利益、国家秘密、个人隐私保护的考虑，往往也会对公众获取某些法院记录予以一定限制，甚至禁止。不同的国家或地区因法律价值取向和具体规定不同，允许公众获取法院记录的范围不尽一致，实属正常。

所谓公众查阅法院卷宗在英语国家称为"public access to court records"，简言之，就是社会公众可以复印、查询、摘抄法院的文件、档案等所记录的信息。其实，"access to"在英文中有"获取""接近"之义。诉讼法学界多将"access to"翻译为"接近"。① 从汉语的语言习惯看，无论是用"获取"法院记录，还是用"接近"法院记录似乎都比较费解。因此本书就不采用上述译法，而是根据其意思将其称为不易被误解的"查阅"。

"公众查阅法院卷宗"有三个关键词："公众""查阅"和"法院记录"。其中"公众"在英语国家多数用"public"，也有用"non-party"指代的。关于公众的范围需要进一步明确。有学者在研究我国民事诉讼法第一百五十九条"公众可以查阅发生法律效力的判决书、裁定书"问题时，也谈到了"公众"如何理解的问题。他们提出了"公众"与"公民"是否同义？是否还可能包括外国人？如果以"公众"身份出现，实际上却是代表法人或者其他组织前来查阅，该如何处理等问题。他们主张，具体的查阅主体（公众）包括与当事人有特定社会关系的人如诉讼代理人、法定代理人、近亲属；特定工作和职责需要的人员，包括纪检、公安、检察院、法院等机关的办案人员；其他人员。在其他人员中，他们主张要对他们查阅的主客观目的、用途、使

---

① 如刘俊祥就将卡佩莱蒂的"Access to Justice"一书翻译为《福利国家与接近正义》（法律出版社2000年版）；徐昕则在译文《民事诉讼中的诉诸司法救济》（载《当事人基本程序保障权与未来的民事诉讼》，法律出版社2000年版）中，用"接近/实现"指代"access to justice"。

用方式进行审查。① 这些学者的建议过于保守，也有不妥之处。"公众"从一般意义上讲，是指案外的所有人，也就是案外的所有主体。英美法系成熟的立法例中也基本上是这样规定的。例如，按照 CCJ/COSCA Guidelines (2002)，"公众"包括：(a) 任何人和营利性或非营利性实体、组织和协会；(b) 没有现有政策限定获取法院记录的任何政府机构；(c) 媒体组织；(d) 无论出于何种原因收集和传播信息的实体，无论其是否出于盈利目的，且不区分获取信息的性质或程度。"公众"不包括：(a) 法院或法院职员的书记员；(b) 协助法院提供法院服务的私人、政府人员或实体；(d) 由另一法规、规则、命令或政策规定可查阅法庭记录的公共机构；(h) 案件当事方或其律师。一般而言，不管属于"公众"的任何具体主体，也不管其出于何种原因收集和传播信息，是否谋利，在获取法院记录的程度和本质上没有区别。但是，出于职业伦理或必要性的考量，法院或法院的雇员，帮助法院提供法院服务的私人或政府的人或实体，甚至当事人及其律师，不属于"公众"的范围。

公众查阅，是指公众可以查阅、复制、摘抄、检视法院记录的信息。一般情况下公众的查阅不以查阅的原因为条件，但需要向法院请求或事先批准。公众至少可以在保存记录的法院，也可以使用任何法院确定的其他最有效的方式，获取法庭记录。可以通过柜台、传真、普通邮件或电子邮件访问或通过快递获取。它还允许法院通过提供打印报告、计算机磁盘、磁带或其它存储介质的方式满足公众的查阅要求。

第三个关键词就是"法院卷宗"。英美法系国家的"卷宗"包含的司法信息范围较广，既包括"归档"的信息，又包括未归档的信息。在我国的语境中，本书所谓的法院卷宗通常指的是已经归档的在司法过程中形成的信息。诚如上文所言，包括人民法院一审案件立案审查表；审判流程管理信息表；立案审批表；起诉状；受理案件通知书（公民起诉的民事案件用）；人民法院民事诉讼风险提示书；案件举证通知书；诉讼当事人限期举证通知书；人民法院送达回证；应诉通知书；送达起诉状副本笔录；答辩状；审理案件指定

---

① 参见宋宗宇、陈丹：《论人民法院生效裁判文书的公众查阅机制》，载《法学杂志》2014年第1期。

书；证据目录；询问证人证言笔录；证据材料；授权委托书；律师事务所函；预备庭笔录；人民法院公告；传票；出庭通知书；法庭庭审笔录；案件代理词或辩护状、判决书裁定书或决定书等。这些信息是我国法院正卷记载的内容。鉴于我国尚存在法院副卷制度，副卷中涉及承办人与有关部门内部交换意见材料或笔录；有关本案的内部请示及批复；合议庭评议笔录；案情综合报告原、正本；审判庭研究、汇报案件记录；审判委员会讨论笔录；判决书、裁定书原本等内容，也可能成为我国公众可以查阅的内容。

六、公众查阅法院卷宗的价值

公众查阅法院卷宗指的是案外人对法院卷宗的获取、查阅、复制、摘抄等。其属于司法公开的下位概念，具备前文所述司法公开的价值，除此之外，公众查阅法院卷宗最为突出的价值就是公共利益的维护。社会公众查阅法院卷宗与案件当事人及其律师对法院卷宗的查阅不同，它还涉及个人隐私保护的问题。当允许公众查阅他人案件的法院卷宗时，存在的信息泄露、信息滥用等侵害个人隐私的问题必须考虑。英美法系国家在制定公众查阅法院卷宗的政策时，学者在讨论公众查阅法院卷宗问题中，尤其是查阅电子访问法院卷宗最为关注的也是其中涉及的隐私问题。毫无疑问，保护个人隐私是一个合理的问题，在通过任何关于公众查阅法院记录的政策时都必须面对这个问题。的确，在特定情况下，个人的隐私权可能是拒绝公众接近法院程序或文件中披露的特定信息的正当理由。然而，在这种利益与公众获取法庭记录的权利之间取得适当平衡的规则，不能以基本上忽视公众获取法庭记录所服务的重要公共利益为前提。在价值序列上，公共利益的维护应当处在优先的位置。尽管"开放社会中的人们并不要求他们的机构绝对正确……他们很难接受被禁止观察的东西"[1]。保密不利于信任，法院的道德权威在很大程度上取决于保持公众的信任。法院审理的问题，即使是看似平凡的案件，都可能引起公众的深刻和合理关注。因此，任何规范公众查阅法院记录的规则都必

---

[1] 参见 Press Enterprise I, 464 U. S. at 509; Richmond Newspapers, Inc. v. Virginia, 448 U. S. 555, 572 (1980).

须仔细考虑和维护查阅法庭记录所服务的公共利益。

公众查阅法院卷宗，无论是由公众中的个人直接行使，还是通过媒体报道法院诉讼程序，具有以下价值：

首先，公众查阅法院卷宗使公众能够监督司法系统的运作，并有助于确保司法程序的公平和诚实。普遍承认公众有权查阅法院卷宗和参与诉讼程序在确保司法程序完整性方面发挥的积极作用。"从最广泛的角度来看，公众参与刑事审判，允许公众参与并监督司法程序，这是我们自治结构的重要组成部分。"[1] 特别是，公众查阅法院记录使公众能够监督司法程序的进行，从而对可能滥用司法权力的行为提供有效的约束。公众参与有助于促进准确的事实调查，通过宣传来识别证人，并作为对伪证的检查。公众接近司法程序不是一种放纵或特权，而是司法程序本身不可或缺的组成部分。正如美国加州最高法院所强调的那样，"公众参与民事诉讼有助于：(i) 证明司法公正，从而提高公众对政府诉讼的信赖；(ii) 提供一种手段，使公民能够审查和制止司法权力的使用和可能的滥用；以及（iii）加强诉讼程序的查明真相功能。"[2] 正是公众通过查阅法院卷宗等方式的参与，才能督促司法权的审慎行使，维护司法程序的完整和诚实。

其次，公众查阅法院卷宗在保护公众健康和福利方面发挥着不可或缺的作用。法院的记录中包含与公共卫生和福利直接相关的信息，例如：有关食品和药品健康风险的信息；有关缺陷轮胎、玩具、工具、汽车、飞机和其他产品的信息；关于股票的信息操纵、保险诈骗、庞氏骗局和其他欺诈行为信息；影响主要产品或普遍存在的产品的价格或可用性的反垄断违规和市场操纵信息；非法倾倒或处置有毒废物的信息；以及可能影响成百上千甚至数百万非诉讼直接参与者的许多其他事项。公众获取此类信息不仅可以让受影响的公众自己寻求司法补救，而且还可能引发公众辩论，最终导致立法或其他形式的社会或政治改革。因此，虽然提供公众查阅法院记录有时可能会涉及诉讼中个人参与者的隐私利益，但它也经常会有所帮助、保护大量非参与者

---

[1] 参见 Globe Newspaper Co., 457 U.S. at 606.

[2] 参见 NBC Subsidiary, 20 Cal. 4th at 1219.

的健康和福利。简言之，公众查阅法院记录更有可能促进公共安全，而不是损害公共安全。

最后，法院卷宗为媒体报道公众利益和关注的事项提供了必要的信息。对法庭诉讼的报道往往是媒体报道的重要内容，媒体通过挖掘法院卷宗中的内容，作为报道的素材，往往会引起民众对某些公共问题的关注。如行政诉讼案件记录中折射出来的政府管理不足，刑事案件报道中反映出来的社会不正常现象，往往会引起社会的广泛关注和热议。可以说，从法院记录尤其是裁判文书中获得新闻报道线索的例子无处不在。

总之，这些重要的公共利益只有通过公众查阅法庭记录才能得到满足，而且通过提供查阅法庭记录的途径得到保护和加强，必须得到任何规范查阅审判法庭记录的规则的承认和满足。如果不承认和保护查阅权利，就等于没有承认和保护作为公众查阅权存在的基础和利益，以及法院存在的基础。

七、研究现状

国外尤其是英美法系国家公众查阅法院卷宗的实践比较丰富，宪法、成文法、判例等对公众查阅法院卷宗的规定较为完善，理论上对公众查阅法院卷宗的研究也较为深入，研究主要集中在以下几个方面：

第一，对公众查阅法院卷宗意义的研究。认为公众查阅法院卷宗是公众知情权的体现，可以监督法院公正审判，是司法公开的秘密所在。如新加坡学者 Vanessa Yeo 就敏锐地提出，公众获取法院卷宗是司法公开的秘密。[①]

第二，公众查阅法院卷宗的权利基础。学者们梳理法院判例、法律文件，论证了公众查阅法院卷宗的宪法、普通法权利基础和法院规则渊源。Ronald D. May 就在《公众查阅民事法院卷宗：普通法的途径》[②] 一文中，得出美国公众并不享有宪法第一修正案赋予的获取民事案件法院卷宗的权利，但是其享有普通法上的权利。

[①] 参见 Vanessa Yeo. Access to Court Records: The Secret to Open Justice. Singapore Journal of Legal Studies, 2011: 510-532.

[②] 参见 Ronald D. May. Public Access to Civil Court Records: A Common Law Approach. Vanderbilt Law Review, 1986(39): 1465-1505.

第三，公众查阅法院卷宗应遵循的原则。他们普遍认为，应遵循司法公开原则和保护个人信息权原则，同时要注意这两个原则之间的平衡。①

第四，公众网上查阅法院卷宗及可能产生的问题。譬如，是否应当允许网上查阅法院卷宗，如果允许，公众查阅法院卷宗是否应当与到法院卷宗室查阅有所区别？Gregory M. Silverman 的《机器的兴起：司法信息系统和公众网上查阅法院卷宗问题》就是对法院信息系统建立后，公众网上查阅法院卷宗问题回应的代表性文章。②

第五，公众网上查阅法院卷宗时，如何对个人的信息权、隐私权进行保护。该问题是近年来国外学者们关注的焦点之一。Natalie Gomez-velez 的《网上查阅法院卷宗：公众查阅和隐私的平衡》便是其中代表性文献之一。③

此外，在美国还有大量对各个州公众查阅法院卷宗的研究，包括论文和研究报告等。如 Lynn E. Sudbeck 讨论了美国南达科他州把法院卷宗放在网上的政策。④ Deborah Moy 谈论了北卡的公共记录法及改变的必要。⑤ Sigmund D. Schutz 研究了缅因州公众接近司法程序和查阅法院卷宗的情况。⑥

近年来，国内学者将大量的心力投入到司法公开的研究中。然而，对裹夹其中的公众查阅法院卷宗方面的研究却较少，对有关公众查阅法院卷宗的研究往往散见于关于司法公开的研究文献中。目前，国内的研究主要集中在以下几点：

第一，国外"法院记录"概念的引入。2009 年王业华用寥寥几百字介绍

---

① 参见 Natalie Gomez-Velez. internet access to court records — balancing public access and privacy. Loyola Law Review, 2005(51): 367-438.
② 参见 Gregory M. Silverman. Rise of The Machines: Justice Information Systems and the Question of Public Access to Court Records over the Internet. Washington Law Review, 2004(79): 175-222.
③ 同注①。
④ 参见 Lynn E. Sudbeck. Placing Court Records Online: Balancing Judicial Accountability with Public Trust and Confidence: AN Analysis of State Court Electronic Access Policies and A Proposal for South Dakota Court Records. South Dakota Law Review, 2006(51): 81-121.
⑤ 参见 Deborah Moy. North Carolina's Public Records Law and Its Need to Change. Elon Law Review, 2016(8): 229-245.
⑥ Sigmund D. Schutz. Public Access To Judicial Proceedings And Records In Maine: Worth Protecting. Maine Bar Journal, 2012(Fall): 198-204.

了美国法院的电子记录公共访问系统。①高一飞介绍了美国公众获得法院电子记录的权利和方式以及法院录音录像上网公开等问题。②较为详细地将"法院记录"这一概念引入我国的是蒋惠岭法官,其于2013年翻译了2004年加拿大新斯科细亚省法院的《媒体、公众与法院关系实务指南》。③该指南是加拿大新斯科细亚省法院行政办公室针对当时媒体报道司法活动、公众查阅案卷材料等问题而制定,时间已过近20年,其中有不少内容进行了变动。从目前看来,资料稍显陈旧。譬如2015年3月17日加拿大最高法院就出台了新指南Policy for Access to Supreme Court of Canada Court Records,取代了2009年的规定,用来指导公众如何查阅最高法院的法院记录。尽管如此,还是应当肯定蒋惠岭法官的学术贡献,其为我国(大陆地区)首次介绍了域外公众查阅法院记录的情况。遗憾的是,在如火如荼进行的司法公开改革中,蒋惠领法官翻译的文献并未引起国内大多数学者的重视。

第二,对国外,尤其是美国公众查阅法院卷宗的介绍。关升英法官介绍了美国司法公开中的"司法记录公开"④;刘爱良法官在研究美国司法信息公开问题时介绍了美国司法信息的远程公开⑤。遗憾的是,这些对美国公众查阅法院司法信息的介绍过于简略。应当指出的是,国内学者对公众查阅法院记录的零星介绍也主要限定在美国,鲜有对美国之外国家公众查阅法院卷宗进行介绍的文献。

第三,介绍了美国公开法院诉讼卷宗的历史渊源、宪法基础,公众查阅法院电子卷宗的方式。高一飞教授在研究数字化时代美国审判公开的新发展时,对上述问题进行了初步介绍。⑥

---

① 参见王业华:《美国法院电子记录公共访问系统建立二十周年》,载《法制资讯》2009年第2期。
② 参见高一飞:《论数字化时代美国审判公开的新发展及其对我国的启示》,载《学术论坛》2010年第10期。
③ 参见加拿大新斯科细亚省法院行政办公室编著,蒋惠岭译:《媒体、公众与法院关系实务指南(2004)》,载《人民法院报》2013年11月15日。
④ 参见关升英:《美国司法公开制度及其启示——关于赴美学习考察司法公开制度有关情况的报告》,载《山东审判》2014年第6期。
⑤ 参见刘爱良:《美国司法信息公开制度及其对我国的启示》,载《湖南警察学院学报》2012年第4期。
⑥ 参见高一飞:《论数字化时代美国审判公开的新发展及其对我国的启示》,载《学术论坛》2010年第10期。

第四，建议逐步扩大审判卷宗公开的范围和对象，逐步废除卷宗副卷，推动法院审判卷宗的全部公开。该观点是于志刚教授在《全面公开审判卷宗的建议与制度设计》一文中提出的。① 我国的法院卷宗分为正卷和副卷，副卷是不对当事人及其律师以及社会公众公开的。因此，我国法院副卷制度的改革问题是研究公众查阅法院卷宗无法绕开的问题。但是，他讲的"卷宗"与本书所指的"法院卷宗"并不完全相同，其范围小得多。该文献是国内较早直接涉及公众查阅法院卷宗问题的研究文献。与此问题相关，近年来，许多学者对审判秘密制度也有研究，研究了审判秘密与司法公开的关系、审判秘密的弊端以及审判秘密制度的改革等问题。

第五，对公众查阅法院卷宗的专门研究。国内目前对公众查阅法院卷宗问题的专门研究较少。宋宗宇、陈丹《论人民法院生效裁判文书的公众查阅机制》一文探讨我国公众对民事生效裁判文书的查阅问题。② 他们分析了公众查阅人民法院民事生效裁判文书的价值、存在的问题，提出建构生效裁判文书公众查阅机制时，应当围绕司法公开的价值目标，充分权衡并协调好制度、理念与价值之间的现实冲突，统一制定细则性规范文件等建议。但生效的人民法院民事裁判文书只是法院卷宗中很少的一部分内容。李后龙、葛文以公众的知情权为视角探讨了民事案件材料的公开问题。他们认为，法院的设立目的在于服务公众，所以法院必须让公众理解，然后公众才能确定正义是否获得实现。不能要求或期望社会公众会盲目地信任一种观点或结论，公众自己会作出正确的判断。社会公众决定相信或不相信某种观点，主要基础在于自己可以追踪一些特定的资讯和特定的保证，去找到特殊的消息来源，而这些消息来源是可以透过查证来确定其真实性和可靠性的。为了判断法院说的话或行为是否值得信任，社会公众需要拥有资讯以及判断资讯的方法。为了做到合理的信任，法院需要完整而精确地描绘出整个程序的资讯，使公众看见和接近正义的实现，从而提升公众对司法体系的认识，增强公众对司法的信赖。如果公众没有完整的机会去查证和询问可疑的资讯，社会公众对

---

① 参见于志刚：《全面公开审判卷宗的建议与制度设计》，载《中共中央党校学报》2016年第4期。
② 参见宋宗宇，陈丹：《论人民法院生效裁判文书的公众查阅机制》，载《法学杂志》2014年第1期。

法院的信任也就会不完整。就算最后并没有发生信心危机，也会形成一种怀疑文化。他们还对法院公开的民事案件材料的类型、公开的方式、公开的方法、公开的救济等进行了论述。①

此外，笔者在《法治现代化研究》上发表的小文《公众查阅法院记录：现状、比较与建构》，较为全面地论述了公众查阅法院记录的缘起、概念，我国目前公众查阅法院卷宗的框架，西方国家公众查阅法院记录的立法例，并对我国公众查阅法院记录制度的建构提出了论纲式的建议。②尽管在该文中，用的是"法院记录"，实际上就是本书所指的法院卷宗。

总之，我国对司法公开问题的研究者较多，研究成果极为丰硕，但对于司法公开中的公众查阅法院卷宗问题的研究则单薄得多。尽管近些年来国内学者已开始对公众查阅法院卷宗问题的研究，但总体而言，研究还存在如下不足：第一，专门研究该问题的学者还不多，现有的研究成果还比较少；第二，学者们运用的国外资料比较陈旧，缺乏最新的信息资料；第三，对我国目前的公众查阅法院卷宗现实状况缺乏梳理和考察，对我国公众查阅法院卷宗制度的建构问题也鲜有涉及。

---

① 参见李后龙、葛文：《怀疑、信赖与民事案件材料公开——以公众知情权为核心的考察》，载《法律适用》2013年第1期。
② 参见孙永军：《公众查阅法院记录：现状、比较与建构》，载《法治现代化研究》2019年第2期。

第二章
公众查阅法院卷宗的权源：司法知情权

为什么社会公众和当事人要求司法公开的请求是正当的？这种正当性如何证成？学者倪寿明将司法公开的法理基础归为知情权、表达权和监督权。① 最高人民法院《关于司法公开的六项规定》中也将司法公开的旨趣概括为保护人民群众的知情权、参与权、表达权和监督权。这些见解无疑是有道理的。但笔者认为，如果从最根本的权源角度看，司法公开的权源应当是知情权，因为诸如表达权、参与权或监督权均属于由知情权衍生出来的第二性的权利，或者说衍生出来的制度机能。知情权是它们的前提和基础，没有知情的权利，恐怕参与权、监督权等权利就无法展开。公众查阅法院卷宗的权利来源应当是公众的司法知情权。但"知情权"具有丰富的内涵，仅在法学领域就存在私法上的知情权和公法上的知情权的分野。公法上知情权传统上主要指的是公众与政府关系中，知悉政府公共信息的权利，它对应的是政府进行信息公开的义务。我们探讨的是公众的司法知情权，它与传统公法上的知情权是否是一回事？这些问题，我们在本章中将一一廓清。

一、知情权

（一）知情权的一般含义

"知情权"，英文为 the right to know，又称为"知"的权利、知悉权、了解权，是指自然人、法人及其他社会组织依法享有的知悉、获取与法律赋予该主体的权利相关的各种信息的自由和权利。"知情权"一词作为特指一种权利主张的法学概念，是由美国新闻编辑肯特·库泊（Kent Copper）在 1945年 1 月的一次演讲中首次提出来的。其基本含义是公民有权知道他应该知道的事情，国家应最大限度地确认和保障公民知悉、获取信息，尤其是政务信

---

① 参见倪寿明：《司法公开研究》，中国政法大学出版社 2011 年版，第 35-65 页。

息的权利。美国在20世纪50年代和60年代兴起"知情权运动","知情权"一词被广泛援用并很快被作为公民的政治民主权利得到各国法律确认。① 但对于何谓知情权,可以说是众说纷纭,学者们从不同的角度对其进行了界定。

首先,从信息获取方法上界定。美国爱默生教授认为,知情权是接受由他人传送的信息资料的权利,包括听、读、看的权利。② 对知情权颇有研究的威金斯(J. Wiggins)认为,知情权至少包括以下五个方面:(1)获取信息的权利;(2)免于事先检查的出版权利;(3)免于因出版而遭受未经合法程序报复的权利;(4)接近传播所必需设施和资料的权利;(5)传播信息而不受政府和其他公民非法干预的权利。③ 在日本,知情权包括两方面的内容,即"信息领受权"和"信息开示请求权",一般称前者为"知的自由",后者为"知的权利"。这种界定倾向于从获取方法的角度对知情权予以解读,而且将知情权的外延拓展到传播权的范围。

其次,从信息的性质予以界定。知情权分为知政权、社会知情权和个人知情权。知政权仅指公民有知悉国家机关的活动和其掌握信息的权利。社会知情权指公民有权知道他所感兴趣的各种社会现象和事务的权利,如通过媒体获得各种新闻信息。个人知情权指公民有权了解有关自己各方面信息的权利。如自己的出生信息、向医生了解自己的身体健康信息。④

从最一般的意义来看,知情权是指"有关主体有获知与他有关的情报信息的权利"。知情权作为一种请求权,实质是公民、法人及其他组织依法向有关主体要求相关主体公开某些信息的权利,及不受妨害地获得这些信息的自由。但最一般意义的知情权是个复合型的权利,其既可能是一种私法意义的民事权利,也可能是公法意义上的政治权利或道德性的人权。像消费者对商品或服务知悉的权利,公司股东对公司经营状况、相关账簿查阅的权利均属于民事私法意义上的知情权。而要求政府等公共主体公开相关公共信息的权

---

① 参见谢鹏程:《公民的基本权利》,中国社会科学出版社1999年版,第263页。
② [美]托马斯·爱默生:《论当代社会人民的了解权》,载《法学译丛》1979年第2期。
③ [日]芦都信喜:《现代人权论——违宪判断的基准》,有斐阁,1983年版,第190页。转引自林爱珺:《知情权的法律保障》,复旦大学出版社2010年版,第28页。
④ 参见张新宝:《隐私权的法律保护》,群众出版社1997年版,第91-93页。

利则属于公法意义上的知情权。作为公众查阅法院卷宗权源的知情权显然属于后者,以往对公法意义知情权的关注主要侧重于政府的信息公开方面,对其他公共机构包括司法机关拥有的信息进行公开问题的讨论则关注较少。

(二) 公法意义的知情权

公法意义的知情权仅仅指公民及居民、法人及其他组织对国家机关掌握的情报知悉的权利。① 其具有以下特征:

首先,公法意义的知情权不同于私法意义上的知情权。私法意义的知情权产生于平等主体之间的私法法律关系,权利主体是特定法律关系中权利人,义务主体也是特定的。像消费者的知情权、股东的知情权、集体经济组织成员对集体经济组织的知情权均在特定的私法法律关系予以体现,其义务的主体往往是法律关系的另一方。如修订后的公司法分别在第五十七条和第一百一十条对有限责任公司、股份有限公司股东的知情权做了规定。第五十七条规定:"股东有权查阅、复制公司章程、股东名册、股东会会议记录、董事会会议决议、监事会会议决议和财务会计报告。股东可以要求查阅公司会计账簿、会计凭证。股东要求查阅公司会计账簿、会计凭证的,应当向公司提出书面请求,说明目的。公司有合理根据认为股东查阅会计账簿、会计凭证有不正当目的,可能损害公司合法利益的,可以拒绝提供查阅,并应当自股东提出书面请求之日起十五日内书面答复股东并说明理由。公司拒绝提供查阅的,股东可以向人民法院提起诉讼。"第一百一十条规定:"股东有权查阅、复制公司章程、股东名册、股东会会议记录、董事会会议决议、监事会会议决议、财务会计报告,对公司的经营提出建议或者质询。"又如我国的《消费者权益保护法》第八条规定,消费者享有知悉其购买、使用的商品或者接受的服务的真实情况的权利。消费者有权根据商品或者服务的不同情况,要求经营者提供商品的价格、产地、生产者、用途、性能、规格、等级、主要成份、生产日期、有效期限、检验合格证明、使用方法说明书、售后服务,或者服务的内容、规格、费用等有关情况。

---

① 参见皮纯协:《知情权与情报公开制度》,载《山西大学学报》(哲学社会科学版)2000年第4期。

公法意义上知情权的权利主体通常为一般公众，不需要特别的限定，其义务主体为国家机关。从权利产生的根据上，私法上的知情权从平等原则、诚实信用原则中衍生而来。"公法意义上的知情权源于人权保障的理念，在于实现自由、平等和民主等宪政价值。"① 因为，在现代社会民主政体下，人民是国家的主人，政府是人民的代理人和受委托者，人民有权知悉政府的运作。特别是现代社会下，从信息的掌控上看，国家机关是最主要的信息生产者、管理者和发布者，80%的社会信息资源都掌握在政府手中。② 可以说，作为以政府为代表的公共部门的信息公开是民主法治政府的应有之义和"主权在民"原则的直接体现。知情权的存在和行使是公民参与国家事务、制约国家权力的重要方式，藉此保证民主政体运作。因此，凡是奉行现代政治文明的国家普遍通过颁布诸如《政府信息公开法》《资讯法》等法律，保障公民的知情权。

其次，公法意义上知情权的义务主体不仅仅是行政机关。公法意义上知情权的义务主体中应当是从事公务活动的所有公共机构。行政机关作为公法意义上知情权的义务主体在理论和实践中均无争议。特别是我国，作为行政机关的政府在政治、经济、社会生活中发挥着举足轻重的作用，又有《中华人民共和国信息公开条例》专门调整政府的信息公开。实践中，公民因申请政府信息公开受阻提起的行政诉讼也屡见不鲜，但民众有意无意之间忽略了其他公共主体的信息公开问题。学术界也很少谈到立法机关和司法机关等公共机构的信息公开问题。事实上，立法机关在国家机构中处于重要的地位，在现在民主政治的基本架构下，立法机关是民意代表机关，它基本的职能是将民意通过法定的程序上升为法律，对社会主体的利益进行确定和分配，是"分配正义"实现的主要主体。作为社会公众当然有权了解有关的立法背景、立法宗旨、基本内容，并有权发表自己的意见和看法，表达自己的愿望和要求；立法机关当然有义务提供和公开相应的信息资料。司法机关也是如此，它依法设立，人员依靠纳税人供养，通过适用立法机关创制的法律，解决社

---

① 王平正：《公法意义上的知情权解读》，载《河北法学》2007年第7期。
② 张新民：《我国政府信息公开公众发展与展望》，载《情报理论与实践》，2008年第6期。

会主体之间发生的纠纷,也属于"公器",在司法过程中产生的信息,除涉及国家秘密、商业秘密、个人隐私之外,人民也应有知悉的权利。

依照我们对公法意义上知情权的理解,行政机关、立法机关和司法机关之外有些掌握公权力的主体也属于公众知情权的义务主体。在我国,一定范围的社会团体、国有企业和事业单位也应纳入民众知情权义务主体的范围。基于法律规定或授权委托,像我国公立的高校、公立医院、各类服务中心等事业单位也在行使一些类似行政机关的外部管理职能,劳动人事仲裁机构行使着类似于法院的裁判活动,它们作为公众知情权的义务主体在理论上是站得住脚的,也有现实的必要性。

二、公众司法知情权

(一)公众司法知情权的含义

司法知情权属于公法意义上的知情权。但究竟何为司法知情权,相对于国内关于一般知情权的研究来看,关于司法知情权的专门研究还相对薄弱。高一飞教授尽管在国内较早注意到司法知情权的问题,但他没有对公众司法知情权进行直接定义。他在研究公民司法知情权时对什么是公民司法知情权进行了界定:"公民司法知情权,是指公民了解和知悉司法机关政务信息、办案信息和司法人员信息的权利。"[①] 另一位关注公民司法知情权的学者谢鹏程认为,"公民的司法知情权是指公民对司法机关的侦查、检察、审判等活动依法享有的了解案件有关情况的权利,特别是了解同自己相关的指控及其根据的权利"[②]。陈庆华、李立景则直接对公众司法知情权进行了界定,他们认为,"公众的司法知情权是指:一般社会公众对司法机关的工作情况有了解和获取有关司法信息的权利"[③]。这些研究均认为司法知情权属于公法意义的知情权,但对于知情权的权利范围认识稍有不同。有学者将司法知情权的主体限定为当事人和公民,多数的研究者将司法知情权的权利主体确定为"公

---

① 高一飞:《公民司法知情权要论》,载《中州学刊》2015年第10期。
② 谢鹏程著:《公民的基本权利》,中国社会科学出版社,1999年版,第261页。
③ 陈庆华、李立景:《新媒体时代公众司法知情权实现困境与保障》,载《成都行政学院学报》2017年第3期。

民",也有学者认为是"一般公众",但并没有对"一般公众"的外延进行进一步说明。司法知情权可以做广义和狭义的解读。广义的司法知情权是当事人及社会公众对司法过程中产生的相关信息享有知悉的权利;狭义的司法知情权是指一般公众对司法过程中产生的相关信息享有的知悉的权利。这里的一般公众包括一般的公民,也包括公司、企业、媒体、社会团体等当事人之外的其他社会主体。作为公法意义的知情权,权利的主体在没有特别说明的情况下,我们认为,应当是一般公众。一般公众通过知情权的行使,查阅、收集、利用司法过程中的司法信息,进而实现对司法的参与、监督等,彰显现代社会人民主权的价值。至于作为具体个案中的当事人,因为案件的处理直接涉及其利益,其自然有权知悉司法决定做出的相关信息,这是毋庸置疑的,无需特别的强调和重申。因此,当我们在谈论司法知情权时,实际上指的就是公众司法知情权。王晨光教授在谈到司法公开的对象时,认为包括案件当事人、社会公众、其他政府机构和社会组织,以及司法机关自身等。[①] 从他的界定不难推出,他此时谈论的司法公开问题其实就是公众的司法知情权问题。当然他是站在广义司法知情权基础上研究该问题的。

坦率地讲,与对政府信息公开的强烈关注相比,公众对司法领域的知情权关注较少,似乎司法领域成了信息公开的一块不一样的"飞地"。之所以出现这种状况,大概出于以下原因。首先,不同于一般的行政过程中政府的信息面向一般公众具有反复适用性和稳定性,司法过程中的相关信息往往表现为针对特定的当事人,具有个别适用性。除了公益诉讼等社会关注度高的案件外,通常的案件并不直接涉及公共利益,难以引起公众的普遍关注。其次,从权力运作的方式看,政府更多是依据法律规定的执行权进行行政管理,而司法过程中法官行使的却主要是判断权,后者包含更多的自由心证和裁量,不适于公开。再次,为了司法裁判避免受到现实力量的左右和干扰,司法贯彻司法中立的价值,无论从制度或理念上,法院往往要有意地与社会保持一定的疏离。在这些因素的共同作用下,司法难免透着某些"神秘主义"的色彩。但这些观点在当下却有检讨的必要。首先,司法权固然不同于行政权,

---

① 参见王晨光:《借助司法公开深化司法改革》,载《法律适用》2014年第3期。

但其均属于国家权力的一部分,从性质上看都是公共权力,其出发点和归宿都是为民众提供公共服务。民众自然有权知道其提供公共服务的方式、过程和结果。其次,从司法在实现法律正义体系中地位和角色看,司法公开也许更为重要。通过法律实现社会正义贯穿于立法、执法和司法全过程中。在立法阶段更强调的是"分配的正义",通过立法将法律价值固化,确保在源头上实现"每个人得到他所应当得的"。执法阶段强调的法律的平等适用,保证同样的情况同样处理,它属于"形式正义"的范畴。司法阶段的正义是"矫正的正义",它是对前二者正义实现受挫后的匡扶和矫正,也就是社会公平正义的最后一道防线。它的实现可以直接规定、影响着前者的价值和意义。确保司法正义的实现固然有多种机制,司法公开无疑是其中重要的因素。只有赋予并保障民众和当事人对司法的知情权,才能实现对司法的参与和监督,司法裁判的过程和结果才可能最大程度地符合正义的状态,当然司法的公信力方能获得真正的提升。因为依据人民主权理论,"人民是一切国家权力的来源,人民对于国家权力运作的情况——无论是好的一面还是不好的一面——都享有知情权"①。

(二) 公众司法知情权的权属和内容

从司法知情权的权利属性看,其属于基本人权的范畴。② 从一般意义上说,人权是人的价值的社会承认,是人区别于动物的观念上的、道德上的、政治上的、法律上的标准。③ 它包含着"人的权利"、"人作为人的权利"、"使人成为其人的权利"和"使人成为有尊严的人的权利"等多个层次。人权的内容大致包括三类:生存权利;政治权利和自由;经济社会和文化的权利。

---

① 张建伟:《历久弥新的话题:解读司法公开的五个角度》,载《人民法院报》2013年7月29日第5版。
② 司法知情权从权利属性上属于基本人权的范畴,已经形成了学术共识,所以笔者在正文中将不再长篇累牍地予以重复论证了。参见杜钢建:《知情权制度比较研究——当代国外权利立法的新动向》,载《中国法学》1993年第2期;刘艺:《知情权的权利属性探讨》,载《现代法学》2004年第2期;莫江平、陆幸福:《知情权名称厘定与性质分析》,载《郑州大学学报》2004年第4期;李国际、夏雨:《知情权的宪法保护》,载《江西社会科学》2007年第2期;李静:《司法公开的功能、体系及保障》,载《中国党政干部论坛》2013年第4期;沈定成、孙永军:《司法公开的权源、基础及形式——基于知情权的视角》,载《江西社会科学》2017年第2期。
③ 张文显:《法理学》,高等教育出版社2011年版,第277页。

知情权就是由生存权派生出来的基本人权,人作为一种社会动物,必须依靠社会共同体的力量才能抵御和控制自然和外在因素,获得生存,必须了解外界和共同体内部人与自然、人与人之间的各种情况和信息,才能确定如何获取其生存所需的各种资源。[1] 例如,Patrick Birkinshaw 声称,获取政府掌握的信息是"我作为人类正式成员的基础"。[2] 作为公法意义上的司法知情权当然也属于基本人权的范畴。我们追根溯源,知情权作为人权提出来,首见于法国,其后散见于诸多国际人权文件中。法国1789年的《人权宣言》,其第15条规定:"社会有权要求全体公务人员报告其工作。"1946年联合国通过第19号决议中确认:"查情报自由原为基本人权之一,且属联合国所致力维护之一切自由之关键。"1948年《世界人权宣言》第19条规定,人人享有通过任何媒介寻求、接受和传播信息的自由,而不论国界,也不论口头的、书写的、印刷的、采取艺术形式的或通过他选择的任何其他媒介。1978年联合国通过的《关于新闻工具有助于加强和平与国际了解,促进人权,反对种族主义、种族隔离及战争煽动的基本原则宣言》第2条声言:"享有主张、发表意见和新闻等自由的权利,被公认为人权和基本自由之不可分割部分。"根据联合国意见和言论自由问题特别报告员、欧安组织媒体自由问题代表和美洲国家组织言论自由问题特别报告员2004年的《联合声明》:"获取公共当局掌握的信息的权利是一项基本人权,应通过全面立法在国家一级予以落实。"[3]《欧洲人权公约》承认知情的一般人权。在言论自由的标题下,《欧洲人权公约》保护在不受公共当局干涉和不分国界的情况下接受信息和思想的自由。欧洲人权法院(Eur Ct HR)最近的一项判决明确指出,寻求和接受如此宽泛的信息的人权涉及获取政府信息。既然司法知情权属于基本人权性质的权利,其暗含着司法知情权宪法化、法律化的问题。毕竟人权属于道德权利,

---

[1] 参见郭道晖:《知情权与信息公开制度》,载《江海学刊》2003年第1期。
[2] Patrick Birkinshaw. Transparency as a Human Right. in C Hood & D Heald, eds. Transparency: The Key to Better Governance? Oxford University Press, 2006: 56.
[3] Joint Declaration by the UN Special Rapporteur on Freedom of Opinion and Expression, the OSCE Representative on Freedom of the Media and the OAS Special Rapporteur on Freedom of Expression 6 December 2004 in A Hulin, ed, Joint Declarations of the representatives of intergovernmental bodies to protect free media and expression. OSCE Representative on Freedom of the Media, 2013(33): 34.

必须将其上升为法律权利，保护才能实效化。这个问题容后文详谈。

公众司法知情权是个权利束，它有多个具体的权利构成，可以细分为司法信息接近权、公开请求权和救济权等。（1）司法信息接近权是一般社会公众有权方便快捷地接近司法信息，它要求司法机关应主动通过线上或线下等方式提供公众关心的司法信息，公众可以方便地对相关司法信息进行查阅、收集。它要求作为司法机关的法院积极作为，主动公开，为公众提供司法知情的便捷方式和平台。近年来，我国在公众司法知情权的实现方面做了大量的工作。民众可以通过法院的立案信访窗口、公开展示、公开听证、法院开放日，以及旁听审判、媒体报道和申请信息公开、查阅生效的裁判文书等多种方式实现司法知情权。（2）公开请求权。当公众查阅、收集司法信息受阻，或者司法机关不主动公开司法信息等情况下，公众有请求司法机关公开相关信息的权利。（3）所谓救济权是指社会公众的司法知情权在受到不法侵害时，其拥有获得诸如行政诉讼或复议之类救济的权利。

三、司法知情权的法律保障

司法知情权本质上是基本人权，它是一种道德性权利，必须将其法律化，转化为法定权利。正如论者言，"如果没有法律制度明确保障知情权，那知情权的存在和呼求更多则是作为一种基于政治与道德原因而受人们重视的背景性权利，并不能当然成为人们的行为和要求的根据。只有在制度被宪法化或制度将知情权成文化，才能实现知情权的保障"[1]。"在一个社会共同体中某些道德权利的确定性需要主体以外的力量来维系，社会就会产生保障道德权利的法律制度。所以说法律权利的产生是道德权利保障需要的产物，它使主观的、不完善的、确定性差的权利变为客观的、完善的、确定性程度较高的权利。"[2]

正是对民众知情权重要性认识的不断深化，许多国家或地区通过立法相继将知情权这种应有人权变成了法定的人权。其由宪法规定并保障就成了宪

---

[1] 刘艺：《知情权的权利属性探讨》，载《现代法学》2014年第2期。
[2] 赵宗亮：《道德权利与法律权利浅论》，载《唯实》2008年第7期。

法上的基本权利，由其他法律规定则成了具体的权利。最早规定知情权的是1949年的联邦德国基本法，该法第五条中规定，人人享有以语言、文字和图画自由发表、传播其言论的权利，和无阻碍地依通常途径了解信息的权利。瑞典在作为其宪法一部分的《关于出版自由的法律》第二章"政府文件的公共性质"中，也详细地规定了公民获取政府文件的权利。除了宪法层面的规定，知情权的规定也在具体化。至于公众司法知情权的法律确认，不同的国家或地区却有不同的做法。一种做法是用《信息公开法》《电子政务法》等方式一并保护公众的知情权包括司法知情权。如在英国，适用于英格兰、威尔士和北爱尔兰地区的《信息自由法》于2000年由议会通过，2005年1月1日正式开始实施。法院也是该法的信息公开主体。英国最高法院还为此制定了《最高法院信息公开方案》，对最高法院信息公开的范围和信息查询途径等进行了具体的规定。① 英国《最高法院信息公开方案》作为司法信息公开的直接依据，公开范围涵盖最高法院基本信息、经费使用情况、战略规划、判决生成过程、案件清单和其它服务项目。2012年2月6日，英国最高法院成为世界上首家登陆Twitter的最高法院，开始在社交网站上公开庭期日程表、最新判决链接地址、官方声明或法庭通讯等司法信息。② 俄罗斯，为满足公民司法领域的知情权，在《俄罗斯信息公开法》实施7个月后，颁布了法院信息公开的专门、统一法——《俄罗斯法院信息公开法》。该法对俄罗斯法院信息公开的主体、范围、方式、救济途径等进行了全方位的规定。③ 有学者认为，我国台湾地区的《政府资讯公开法》也适用于法院，法院属于广义的政府分支，这种认识是有偏差的。④ 因为我国台湾地区的《政府资讯公开法》《行政程序法》规范的重心是行政作为的程序，其规范的范围系以行政机关为限，不包括其所谓的立法、司法、监察机关。

2000年后美国将电子政务运动纳入"开放政务"规划，以"电子政务

---

① 参见张红菊：《英国信息公开制度及其特点》，载《中国监察》2009年第2期。
② See S. A. Chun, S. Shulman, A. R. Sandovl. Government 2.0: Marking connections between citizens, data and government. Information Polity, 2010.
③ 参见高一飞：《俄罗斯的法院信息公开改革》，载《人民司法》，2014年第17期。
④ 参见高一飞：《公民司法知情权要论》，载《中州学刊》2015年第5期。

2.0"增加政务透明度、责任性和公众参与程度。2002 年,美国颁布了《电子政务法案》(E-Government Act)。美国电子政务自始定位于"联邦政府",即广义政府之下的立法、行政、司法机关,因此联邦法院也受此约束,并通过法案将其细化。美国《电子政务法》第 205 条规定法院应拥有独立的法院网站,定期维护在线数据库、对电子文档整理归档等,而《司法会议关于开放案件电子档案》则对司法案件管理、电子档案系统进行规范。① 明确了电子档案系统向公众公开的内容和例外,使公众查阅司法机关电子档案更加便捷,从而拓宽了司法领域公民知情权的实现途径。

第二种做法是通过诉讼法或程序法规定公民的司法知情权。如法国《刑事诉讼法》第三百零六条规定:"辩论应当公开进行。但公开对社会秩序或者道德风俗存有危险的除外。"关于群众旁听庭审的例外,法律规定:"如果追诉的是对强奸罪和伴有性侵犯的酷刑和野蛮折磨罪,而受害当事人或者其中之一要求秘密审理时,应当禁止旁听;在其他情况下,如果受害当事人或者其中之一并不反对秘密审理,也可以禁止旁听。禁止旁听的决定适用于可能出现的有关第三百零六条规定的争议事项裁决的宣示。对案件的实质判决,任何时候都应当公开宣布。"又如德国 1975 年《法院组织法》第一百六十九条规定了审判程序公开制度,同时,包括"间接的公开"和公开的限制等。其明确指出:"公开审判的范围受制于审判法院的空间许可的范围。"根据《法院组织法》的规定,为保护被告人隐私或者出于对公众利益的考虑,在特殊情况下可以不公开审理。还有日本,日本吸取了明治宪法时代因非公开审判所带来的教训,充分重视被告人的公开审判权,在宪法上直接规定了法院的公开审判原则。② 日本《宪法》第八十二条第二款规定:"法院的审讯及判决在公开的法庭上进行",将公开审判权直接作为一项宪法性权利。日本《刑事诉讼法》第三百三十七条第三款规定:"违反有关公开审理的规定,是绝对的上诉理由。"

第三种做法是通过判例的方式确认公众的司法知情权。如美国在《全球

---

① 田禾:《司法透明国际比较》,社会科学文献出版社 2013 年版,第 109-110 页。
② 参见[日]松尾浩也著:《日本刑事诉讼法(上卷)》,丁相顺译,中国人民大学出版社 2005 年版,第 311 页。

新闻报》诉高级法院（Globe Newspaper Co. v. Superior Count）一案中也言明公众获取信息的重要性和公开信息的必要性。但同时，《理查蒙德报》案和《全球新闻报》案也都承认，第一修正案的信息获知权不是一项绝对的权利，而是一项"有资格的"或是"假设的"权利，在有足够的迹象表明有强制性的需要时，关闭程序是可能的，从而更加丰富和完善了法院信息公开的内容。①

我国现行宪法上没有"知情权"的明确规定，对知情权的保护只能从相关条文的规定上推导得出，可以说宪法上的知情权只是暗含的权利。例如《中华人民共和国宪法》第二条规定："中华人民共和国的一切权力属于人民。人民行使国家权力的机关是全国人民代表大会和地方各级人民代表大会。人民依照法律规定，通过各种途径和形式，管理国家事务，管理经济和文化事业，管理社会事务。"该条是人民主权原则的直接体现，它可以推导出既然权力属于人民，人民有权知悉具体国家权力的运作情况。《中华人民共和国宪法》第二十七条规定："一切国家机关实行精简的原则，实行工作责任制，实行工作人员的培训和考核制度，不断提高工作质量和工作效率，反对官僚主义。一切国家机关和国家工作人员必须依靠人民的支持，经常保持同人民的密切联系，倾听人民的意见和建议，接受人民的监督，努力为人民服务。国家工作人员就职时应当依照法律规定公开进行宪法宣誓。"《中华人民共和国宪法》第四十一条规定："中华人民共和国公民对于任何国家机关和国家工作人员，有提出批评和建议的权利；对于任何国家机关和国家工作人员的违法失职行为，有向有关国家机关提出申诉、控告或者检举的权利，但是不得捏造或者歪曲事实进行诬告陷害。对于公民的申诉、控告或者检举，有关国家机关必须查清事实，负责处理。任何人不得压制和打击报复。由于国家机关和国家工作人员侵犯公民权利而受到损失的人，有依照法律规定取得赔偿的权利。"这些条文规定人民的"申诉权""控告权""监督权""批判建议权"等，必须以人民的知情权为前提，没有人民的知情权，这些权利就无从行使。

---

① 参见［美］Wayne R. LaFave 等：《刑事诉讼法》（下），卞建林等译，中国政法大学出版社1998年版，第1174页。

《中华人民共和国宪法》第一百三十条规定:"人民法院审理案件,除法律规定的特别情况外,一律公开进行。被告人有权获得辩护。"该条是宪法中关于审判公开的规定,也可以推导出人民的司法知情权。

由此可知,我国宪法没有直接规定公民知情权,尤其是在我国目前尚缺少宪法解释学的情况下,公民知情权只能在宪法规定的人民主权原则、监督权、审判公开等原则中推导得出,但这种推导毕竟过于模糊。因此我国现行的宪法很难为公众的知情权尤其是司法知情权的相关立法提供明确的宪法依据。《政府信息公开条例》在第二条对"政府信息"的界定中称:政府信息,是指行政机关在履行行政管理职能过程中制作或者获取的,以一定形式记录、保存的信息。其实也将"政府"限定在"行政机关"的范围内,明确排除了立法、法院甚至事业单位等公共主体。因此,我国《政府信息公开条例》保护的是公众对行政机关在履职过程中产生的公共信息的知情权,不包括司法知情权。

我国对公众司法知情权的保护主要通过诉讼法的规定予以体现。尽管三大诉讼法中也没有明确出现"知情权"或"司法知情权"的字眼,但从规定的内容看就是公众的司法知情权。例如《刑事诉讼法》第十一条中规定:"人民法院审判案件,除本法另有规定的以外,一律公开进行。"《民事诉讼法》第一百三十七条规定:"人民法院审理民事案件,除涉及国家秘密、个人隐私或者法律另有规定的以外,应当公开进行。离婚案件,涉及商业秘密的案件,当事人申请不公开审理的,可以不公开审理。"《行政诉讼法》第五十四条规定:"人民法院公开审理行政案件,但涉及国家秘密、个人隐私和法律另有规定的除外。涉及商业秘密的案件,当事人申请不公开审理的,可以不公开审理。"如果说这些规定是关于宪法上审判公开原则的重申的话,民事诉讼法、行政诉讼法中关于公众可以查阅生效裁判文书的规定在法律保障公众司法知情权方面可以说是迈进了一大步。《民事诉讼法》第一百五十九条规定:"公众可以查阅发生法律效力的判决书、裁定书,但涉及国家秘密、商业秘密和个人隐私的内容除外。"《行政诉讼法》第六十五条规定:"人民法院应当公开发生法律效力的判决书、裁定书,供公众查阅,但涉及国家秘密、商业秘密和个人隐私的内容除外。"值得一提的是，最高人民法院《关于适用〈民事诉讼法〉的解释》的第二百五十五条还对于公众查阅法院裁判文书中的处理情况进行了较为详细的规定：（1）判决书、裁定书已经通过信息网络向社会公开的，应当引导申请人自行查阅；（2）判决书、裁定书未通过信息网络向社会公开，且申请符合要求的，应当及时提供便捷的查阅服务；（3）判决书、裁定书尚未发生法律效力，或者已失去法律效力的，不提供查阅并告知申请人；（4）发生法律效力的判决书、裁定书不是本院作出的，应当告知申请人向作出生效裁判的人民法院申请查阅；（5）申请查阅的内容涉及国家秘密、商业秘密、个人隐私的，不予准许并告知申请人。

行政诉讼法、民事诉讼法在保障司法知情权方面使用了"公众"，明确了除当事人及其代理人之外的社会公众可以查阅已经生效的裁判文书。但查阅权只是司法知情权权利束中一部分内容，而且现行法律规定的公众查阅范围还仅仅限定在生效的民事行政判决、裁定这个极其狭小的范围。但毕竟这是我国公众司法知情权立法方面的重大进步，其进步意义值得肯定。

其他国家和地区的立法例，可以为我国（大陆地区）司法知情权的法律保障提供有益的参考和借鉴。为了保障当事人和公众对司法信息的知情权，可以制定统一的《信息公开法》，改变请求司法信息公开"于法无据"的问题。也可以对我国现行的《政府信息公开条例》升格为法，拓展公开的主体和信息的范围。"信息"应当是涵盖行政机关、立法机关和司法机关和其他公共机构所有不涉及国家秘密的公共信息，而不是现在的《政府信息公开条例》中"行政机关信息"，即指行政机关在履行职责过程中制作或者获取的，以一定形式记录、保存的信息。就司法信息的公开而言，在统一的《信息公开法》中对主动公开的司法信息范围、当事人或公众申请公开的司法信息范围、司法信息发布、司法信息公开的方式和程序以及监督和救济等内容做出规定。

第三章

公众查阅法院卷宗的比较法考察

让我们将目光重点转向英美法系国家,简要考察下这些国家公众获取法院记录的实践。之所以重点选取英美法系国家,而不是大陆法系国家予以考察和介绍,是因为英美的普通法传统具有司法公开的长久历史,在公众对司法的参与、司法过程的公开等方面普遍持积极的支持态度。与之相对,大陆法系国家因诉讼构造、诉讼理念等方面的原因,对公众参与司法方面的态度则普遍比较保守和消极。在公众查阅法院记录方面,无论是理论研究,抑或是法律实践,大陆法系国家均少有建树。但在大陆法系,也有一些国家在公众查阅法院卷宗方面进行了探索,在本章的最后,我们谨就日本的相关情况予以简要介绍。鉴于英美法系国家多为联邦制国家,存在联邦和州法律制度的分野,而且各个州之间的法律规定又存在差异,因此,本书对英美法系国家的立法和实践只能是取其最大公约数的概览,无法对公众获取法院记录的技术性细节做出详细描述。本章主要选取美国、加拿大、澳大利亚等英美国家予以简单介绍。[①]

一、英美法系国家公众查阅法院卷宗制度

1. 美国公众查阅法院卷宗制度

(1) 公众查阅法院卷宗的宪法根据

美国有公开审判和公开获取司法记录的长久传统,尽管联邦宪法中并没有明确规定有关公众获取政府或司法程序信息的条文。然而,正如首席大法官 Burger 在公开审判决定里程碑案件 Richmond v. Virginia 中所宣称的那样,"审判是公共事件,发生在法庭是公共财产"[②]。尽管有此传统,然而,

---

[①] 英美法系典型国家公众查阅法院卷宗的内容,笔者先前已经发表文章。参见孙永军:《公众查阅法院记录:现状、比较与建构》,载《法治现代化研究》2019 年第 3 期。

[②] See 448 U.S. 555 (1980).

公众可以获取司法部门记录和信息的类型等方式，在整个美国却大有不同。最近，不断增加的对包含在法院记录中个人信息的电子的利用问题的关注，已经导致许多法院限制公众获取某些类型司法记录和信息的能力。尽管如此，州和联邦法院在为公众提供电子获取司法记录方面继续取得实质性的进步。

最高法院在 Richmond 案件中认可了公众获取司法程序的宪法和普通法权利，并认为公众有权接近刑事审判。在得出这个结论时，最高法院依靠了历史证据，论证公众长久以来都可以参与刑事审判，而且这些审判必须对公众公开，除非法院阐述不公开有充足利益。在 Richmond 案件中，最高法院认为，"参加刑事审判的权利暗含在美国宪法第一修正案的保障中；如果人们没有参加这些几个世纪以来都一直参与的审判的自由，言论和表达自由的重要方面将会被掏空"。最高法院并没有决定公众是否有相应的参与民事程序的权利，法院觉得，"公众是否有权利参与民事案件的审判这一问题并没有在这一案件中提起，但我们注意到，从历史上看民事还是刑事案件均被推定是公开的"。

在随后 Globe Newspaper v. Superior Cour[①] 案件的司法决定中，最高法院推翻了马萨诸塞州的法律，该法律规定，如果涉及轻微性侵的受害者，刑事审判应当对公众关闭。在推翻该法律时，最高法院解释道，尽管宪法确保了获取刑事审判的权利，但该权利并不是绝对的，而且，如果有迫切的管制利益需要的话，获取可能被否定，但是对获取的限制应当严格地限定在为这种利益服务上。

联邦和州法院也将普通法上的获取权拓展到审前程序和陪审团的挑选上。在 Press-Enterprise Co. v. Superior Court[②] 案中，最高法院认为，尽管获取陪审团的挑选并不是宪法上的权利，但公众却有建立在历史实践基础上的获取初审的普通法上的权利。而且，这种"公开"提升了至关重要的公众对司法制度信任的基本公正和表面公正。正是由于这些司法决定，美国公众才得以广泛地享有对刑事和民事程序的接近。

---

① 参见 457 U.S. 596 (1982).
② 参见 464 U.S. 501,508(1984).

尽管联邦宪法中并没有明确规定有关公众可以获取政府或司法程序信息，但与联邦宪法不同，美国许多州的宪法赋予公众获取法院信息的权利。至少一个州的宪法，如佛罗里达州宪法，要求所有的司法记录应当对公众开放，除非被立法特别保护。① 加利福尼亚州的宪法也规定了公众可以获取法院记录，但同时也注意对个人隐私权的保护。一个加利福尼亚上诉法院已强调个人隐私权优于公众获取某些电子刑事司法程序信息的权利。Westbrook案件②的决定，为观察联邦和州法院在关于让公众如何及在多大程度上获取司法记录问题上进行的"挣扎"，提供了一个窗口。Westbrook 中的被告力求购买洛杉矶县市政法院的电脑磁盘，这些磁盘含有所有该县 46 个市政法院相关诉讼的个人的姓名、出生日期、邮编等信息，他们受到犯罪指控（但在这些法院尚未决），被告说他可以将这些信息出售给公众，如果不能获取这些电脑磁盘，他将需要奔赴这个县的 46 个市政法院，才得以获取这些信息。尽管法院反对获取电脑磁盘的裁决部分原因是基于一个阻止泄露某些犯罪记录信息的立法，法院认为，公众的知情权与隐私权相冲突，支持要求披露的正当性必须和披露后造成的伤害风险之间进行平衡。

（2）公众查阅法院卷宗的立法和普通法根据

属于联邦法的《信息自由法案》（FOIA）于 1966 年颁布，它允许任何人，不管是公民还是居民，请求和获取来自联邦机构的信息。但是，FOIA 却并不适用于国会或联邦司法部门。③ 与此类似，尽管所有的州颁布了信息自由法案，但其中许多州明确排除了司法部门。例如，德克萨斯州的公共信息法案并不适用于法院行政部门和法院。因此，获取法院司法记录往往通过普通法、立法和法院规则得以发展。德州公民可以获取的法院记录包括：财政披露记录，许可记录，继续教育记录，被选举法官的证书；投诉市政法官的复印件；指定代理人报告；向检察官支付的费用等。不能向公众披露的法院记录包括：司法行为委员会的调查文件；司法工作量；司法行政事务的内

---

① 参见 Fla. Const. art. 1, § 21.
② 参见 Westbrook v. County of Los Angeles, 27 Cal. App. 4th 157 (1994).
③ 参见 5 U.S.C. § 552.

部意见；市政法院的案卷表；交通违章。

在新罕布什尔州，推定所有的法院记录都交由公众审查。① 该州的法院将获取法院记录的权利视为州宪法的范围，它提供获取司法程序的权利。尽管该推定存在，但某些类型的司法记录不能由公众检视，包括：未成年案件；未决或被否决的搜查或逮捕令；大陪审团记录；窃听申请和因此产生的命令；其他被立法、法庭裁定或命令认定属于机密的记录。

印第安纳州的公共记录法案规定，某些公共记录"不能被公共机构披露，除非获取这些记录被州或联邦法特别要求或在开示规则下被法院所裁定"，包括"那些在规则之下或被印第安纳州最高法院所采纳属于机密的记录"。依据这些法定权力，印第安纳州最高法院规定了获取法院记录的规则。② 像在新罕布什尔州，这里也有一个有利于排除公众获取法院记录的推定，除非这些记录被最高法院规则或这些记录"涉及排除公众获取的特别的个人情形"。而且，州信息自由法，和联邦 FOIA 一样，包含了各种各样的隐私保护例外。这些例外平衡个人隐私利益与公众获取信息的利益。例如，在 FOIA 下，机构人事和医疗记录是排除的，正如一些法律执行文件的披露可能会干预法律执行程序，危及一些人的生命或身体安全，或者导致个人隐私的非法入侵。一些美国的州，包括康涅狄格州、印第安纳州、马里兰州、蒙大拿州和福蒙特州，近年来已经出版许多有关公众获取司法记录的研究。

除了立法规定，美国公众获取法院记录的根据更多的来自法院固有司法权的行使。要么通过法院程序规则的方式规定公众获取司法记录的文件范围、程序，要么交由法官裁量定夺。美国无论是联邦还是州的法官都有极大自由裁量权决定获取法院记录和文件。Nixon v. Warner Communications, Inc. (1978) 案中，最高法院认可了一个获取这些记录和文件的普通法权利，但是坚持认为"每个法院对这些记录和文件有监督的权力，当这些文件被用于不

---

① 参见 Judicial Branch, State of New Hampshire, Guidelines for Public Access to Court Records, *available at* http://www.nh.gov/judiciary/rules/misc/misc-8.htm.

② 参见 Indiana Supreme Court, Division of State Court Administration, Public Access to Court Records Handbook (Dec. 2004) ("Indiana Handbook"), available at http://www.in.gov/judiciary/admin/pubs/accesshandbook.pdf.

适当的目的,是能够否决获取的"。最高法院同时也认为,"有关获取的决定最好留给审判庭给予合理裁量,但裁量时应考虑特别案件中存在的相关事实和情形"①。结果是,个体的法官应用实体的裁量去决定公众可以获取法院记录和记录是否归档或封存某些信息。在联邦民事诉讼程序规则第26(C)下,法官可以"为了好的事由"裁令要求这些被披露的信息封存。还有,联邦上诉法院认为,普通法上公众获取司法文件的假定,仅适用于被法院归档的文件,并不包括发现程序中交换的文件或者没有被法院归档的调解协议。② 进而,审判法官可以命令某些被法院归档的文件予以封存,只要法院提供了一个"清晰的、被特别发现所支持的声明"。法官也可命令法院程序封闭,如果他们发现有迫切的利益封存程序,而且没有其他更少限制性的方法保护这些利益。

(3) 电子查阅法院记录

美国联邦法院和许多州的法院系统都开始考虑通过或实际上已经开始实施有关公众访问的规则,查阅以电子形式保存的法庭记录。例如,加州司法委员会颁布了管理公众通过电子手段访问的拟议规则,规定公众查阅以电子形式保存的审判法庭记录,并邀请公众对这些记录发表评论。联邦司法会议也邀请公众对于查阅电子法庭记录的提案发表评论。许多其它的州也正在考虑或采用此类规则。

各法院提出的方法差别很大。然而,几乎所有的提案都解决了类似的问题,每一项提案都涉及公众获取司法程序和法院记录的基本权利。加利福尼亚州法院技术咨询委员会(CATC)对加利福尼亚州拟议规则的讨论总结了大多数审议此类规则的机构所表达的核心关切:关于公众以电子形式查阅审判法庭记录的规则,试图平衡普通法中公众查阅审判法庭纪录的权利与《加利福尼亚州宪法》第一条第一节规定的宪法隐私权。这些规则承认了只能在法院检查和复制的纸质记录与可以远程访问和复制的电子形式记录之间的根

---

① 参见 Nixon v. Warner Communications, Inc., 1978:598.
② 参见 e.g., U.S. v. Amodeo, 71 F.3d 1044, 1050 (2d Cir. 1995); Pansy v. Borough of Stroudsburg, 23 F.3d 772, 781-783 (3d Cir. 1994).

本区别。法院技术咨询委员会（CTAC）的结论是，不受限制地通过互联网访问案件档案会损害隐私，在某些情况下，可能会增加诉讼当事人和其他私人信息出现在案件档案中的人身伤害的风险。因此，CATC采取的方法，源于两个基本问题：允许公众远程电子查阅法庭记录与隐私权的保护。

不同的州、不同的法院，公众接近法院司法记录的能力和获得这些记录的方式有极大不同。尽管美国有公众获取司法记录的普通法传统，但是获取这些记录的方式决定了公众能够获取司法信息的自在程度。美国的公众喜欢线下亲自获取州和联邦法院的司法记录。公众可以通过原始方式前往法院查阅、复印、浏览、摘抄法院记录，一般说来，这种方式获取法院记录没有限制，但亲自线下获得法院司法记录的方式因依赖于获取者必须亲自登访以及法庭房间的数量等，可能成本高昂和费时。结果，许多州和联邦政府提供了通过建立网站、信息系统等方便公众的电子方式获取法院的司法记录。

美国法院的电子档案系统包括法院档案公开访问系统（PACER）和案件管理/电子档案系统（CM/ECF）。前者为案件信息公共查询系统，后者是法院为方便案件管理和提高诉讼效率而建立的案件管理系统，两者共用一个数据库且均对社会公众开放。"案件管理/电子档案系统"的运行，不仅为律师提交包括起诉书在内的各种诉讼文件提供了便利，而且有利于社会公众查阅法庭意见等法院档案信息。[①] 所有的诉讼文件和案卷表，要么直接通过特别的法院网站获取，要么通过 Public Access to Court Electronic Records（PACER）的服务获取，它收取一定费用。"除当事人之外，案件电子档案副本对律师和公众均开放，但是要收费，每页10美分，每个文件最多收费3美元。但是免费副本和最高收费标准并不适用于提交给法院的副本和案件摘要表。联邦法院公众电子准入项目由国会主导，完全靠用户交费提供资金支持，收费标准由联邦司法会议设定。"[②] 尽管大部分联邦法院使用CM/ECF，每个个别的法院在它的文件是否通过电子方式获取方面，有自己的政策。结果，尽管电子方式获取联邦司法信息在扩张，但是可获取信息的数量在不同的法院是不同

[①] 蒋丽华：《美国法院档案开放与隐私权保护研究》，载《中国档案》2018年第12期。
[②] 张振华：《美国联邦法院案件管理和电子档案系统简介》，载《人民法院报》2015年8月14日。

的。2008年，美国司法委员会通过了《关于开放案件电子档案的私人查阅和公开的规定》，要求所有案件的电子卷宗必须对外公开，方便查询，只有特定的刑事案件信息（例如未成年人犯罪记录、陪审员信息等）不得公开。①

电子方式获取法院记录散布于各州。② 实际上所有的州都提供了以电子方式获取州最高法院意见的渠道，大部分的州可以获取庭审的案卷表。公众除了到法院的记录室查阅外，绝大多数的州允许公众可以网上免费获取司法记录。然而，目前看来，美国大部分的州在公众网上查阅法院记录方面还比较谨慎，查阅时附加了较多限制。例如，加利福尼亚州法院规则2.503要求法院在民事案件中制作记录，它们以公众可以在网上获取的电子形式保存。然而，某些包含私密信息如离婚、子女监护、配偶赡养费程序的记录，不能在网上获取。③ 此外，佛罗里达州的临时电子获取政策规定，具有重大公共利益意义案件的所有记录公众都应当允许在网上获得，但应向司法管辖权的首席大法官申请并由其定夺。④ 同样，少部分州提供网上获取刑事审判信息，一些州则不提供，例如亚利桑那州，仅仅提供案卷表信息。

与公众传统的查阅方式相比，远程电子查阅面临的最大问题是公众的知情权与隐私权保护的平衡问题。保护个人隐私是一项重要利益，也是至关重要的，公众查阅法庭记录所服务的利益也必须遵守查阅电子法庭记录的规则。⑤ 法院已经认识到，在特定情况下，个人的隐私权可能是拒绝公众获取法院程序或文件中披露的特定信息的正当理由。⑥ 但普遍的认识是，在隐私权保护这种利益与公众获取法庭记录的权利之间取得适当平衡的规则，不能以基本上忽视公众获取法庭记录所服务的重要公共利益为前提。

---

① 参见最高人民法院司改办：《裁判文书公开的域外经验》，载《人民法院报》2013年11月22日。
② 参见 Maryland Judiciary, Subcommittee on Other States and Federal Courts, State and Federal Policy on Electronic Access to Court Records, *available at* http://www.courts.state.md.us/access/states7-5-01.pdf.
③ 参见 2008 California Rules of Court, R. 2.503, *available at* http://www.courtinfo.ca.gov/rules/index.cfm?title=two&linkid=rule2_503.
④ 参见 In re: *Revised Interim Policy on Electronic Release of Court Records*, Fla. Admin. Order No. AOSC07-49 (Sept. 27, 2007) ("Revised Interim Policy").
⑤ 参见 Press-Enterprise Co. v. Superior Court, 464 U.S. 501, 511-12 (1984).
⑥ 参见 Richmond Newspapers, Inc. v. Virginia, 448 U.S. 555, 572 (1980).

2. 加拿大公众查阅法院卷宗制度

与美国一样，尽管有公众接近法院的长久传统，但联邦宪法上并没有明确赋予公众获取法院记录的权利。加拿大的联邦法院规则明确地赋予公众参与司法程序的权利，只有基于国家秘密、个人隐私保护等考虑才让法院决定对公众关闭程序。同样，法院规则规定为公众提供所有被法院归档的材料，除非是被法院责令不公开。1867年和1982年的《加拿大宪法》没有明确规定公众有权获得司法程序或信息。① 然而，根据加拿大司法委员会2005年的一份报告指出，"加拿大法院一贯认为，法院诉讼程序的公开性是一项重要的宪法原则，它培养了许多基本价值观，包括公众对司法系统的信心、对司法的理解和司法问责制。公开法院原则包括公众查阅法庭记录的权利。"② 另一份报告也认为，"公众开庭的权利是一项重要的宪法规则，个人隐私权是一项基本价值，开庭的权利通常超过隐私权。"③

（1）成文法

根据加拿大司法委员会的说法，"按照惯例，任何公众都可以查阅法院纸质形式的法庭记录。这也有一些例外，即通过法院命令或根据法定要求盖章的记录。一般来说，任何有能力前往法院登记处的人都可以向法院书记员要求查看与特定案件有关的所有文件和信息"④。加拿大于1983年通过了《信息获取法》⑤，规定加拿大公民和永久居民有权获取"政府机构控制下的任何记录"。然而，该法令不适用于司法机构。相反，加拿大某些法规明确拒绝对法院持有的特定类型信息或某些司法程序的访问。例如，《加拿大证据法》第

---

① 参见 Canadian Constitution, *available at* http://laws.justice.gc.ca/en/const/index.html.
② 参见 Model Policy for Access to Court Records in Canada, Judges Technology Advisory Committee, Canadian Judicial Council, September 2005, at vi ("JTAC Model Policy"), *available at* http://www.ciaj-icaj.ca/english/publications/ModelPolicyAccess_CJC_Septe.pdf.
③ 参见 Discussion Paper, Prepared on Behalf of the Judges Technology Advisory Committee for the Canadian Judicial Council on Open Courts, Electronic Access to Court Records, and Privacy, May, 2003, *available at* http://www.cjc-ccm.gc.ca/cmslib/general/OpenCourts-2-EN.pdf.
④ 参见 Model Policy for Access to Court Records in Canada, Judges Technology Advisory Committee, Canadian Judicial Counsel, September 2005, at vi, *available at* http://www.ciaj-icaj.ca/english/publications/ModelPolicyAccess_CJC_Septe.pdf.
⑤ 参见 Access to Information Act, *available at* http://laws.justice.gc.ca/en/A-1/index.html.

38 条规定，与"国际关系、国防和国家安全"听证会有关的法庭记录是保密的。① 根据《刑法》关于侵犯人身和名誉罪的规定，陪审团和公众不得参加关于申诉人先前性活动的证据是否可接受的听证会。此外，根据《青少年刑事司法法》，如果不寻求成年判决，"法院应下令禁止发布能够识别年轻人身份的信息……"② 其他一些法案规定，在法院认为适当的情况下，可以不公开听取证据。这些法案包括《国防法》《金融机构监督办公室法》《专利法》《个人信息保护和电子文件法》《加拿大税务法院法》和《石油和天然气收入税法》。此外，未经记录相关人员同意，个人不得查阅他人的犯罪记录。根据《隐私法》，加拿大公民有权获取有关自己的信息。然而《隐私法》适用于政府机构，其定义不包括司法机构。

(2) 法院规则和实践

根据加拿大《联邦法院规则》③，除审前会议或争端解决会议外，听证会通常向公众开放。然而，在动议中，"如果法院确信听证会不应向公众开放，则可以指示对整个或部分程序进行非公开听证。""法院可以命令将要提交的材料视为机密"，如果法院"确信该材料应被视为机密，尽管公开和可访问的法院程序符合公众利益"，除非法院另有命令，只有非诉讼一方的律师才能查阅机密材料。

在加拿大最高法院，除特殊情况外，包括媒体在内的公众可以参加司法程序。此外，"除非立法规定或法院命令限制公众查阅，否则所有法庭文件都是公共记录。受封令约束的文件（这种情况很少见）不能被公众检查，包括媒体成员，与受出版禁令约束的案件有关的文件可能会被检查。"④ 法院可根

---

① 参见 Canada Evidence Act, *available at* http://laws.justice.gc.ca/en/showdoc/cs/C-5///en? page=1.
② 参见 Youth Criminal Justice Act, *available at* http://www.justice.gc.ca/en/ps/yj/repository/index.html. The following laws also contain provisions governing publication of and access to certain judicial information and hearings: the Canada Petroleum Resources Act, the Canadian Security Intelligence Service Act, the Charities Regulation (Security Information) Act, the Customs Act, the Extradition Act, and the Marine Transportation Act.
③ 参见 The Federal Court Rules are available at http://laws.justice.gc.ca/en/F-7/SOR-98-106/index.html.
④ 参见 Supreme Court of Canada, Media Portal, Access to Court Materials, *available at* http://www.scc-csc.gc.ca/mediaportal/accesscourtdocuments/index_e.asp.

据法规的要求对媒体实施出版禁令，以保护受害者和证人的隐私。当案件作出判决时，书记官长将收到一份正式判决书，以及所有书面意见和两种正式语言的摘要。判决理由的副本可在书记官处查阅。此外，判决的理由刊登在最高法院图书馆的《最高法院报告》中。法院在互联网上发布的新闻稿中通知发布判决，新闻稿中包含判决理由的直接链接，任何人都可以订阅接收这些新闻稿。LexUM网站上还提供了两种语言的电子判决理由。市民可在法庭登记处查阅法庭纪录，并可复印，每页收费0.50加元。虽然法院的裁决可在互联网上查阅，但向法院提交的文件通常没有。

注意，在加拿大，法院的裁决在互联网上可以得到，但并不是所有法院的文件都能通过网上获取。① 一般说来，法院行政管理办公室负责保存所有与在该地区听审的案件有关的档案和文件。在上班时间（通常是上午8：30至下午4：30），公众和媒体只要付一定的档案查询费，就可以查询案卷索引，阅读文件。媒体也可以对法院文件进行拍照和摄像。公众或媒体人员查阅案件信息都必须在法院的办公场所进行，并有法院人员在场。公众或媒体人员不得从法院的办公场所拿走案卷。

加拿大司法委员会对加拿大所有联邦任命的法官拥有管辖权，为获取司法信息的示范政策提出了以下指导原则：

第一，法院公开原则是宪法的一项基本原则，应通过使用新的信息技术来实现。第二，只有在以下情况下，才有理由限制查阅法庭记录：①需要这种限制，以解决个人隐私权和担保权或适当司法等其他重要利益的严重风险；②这些限制是经过精心调整的，以便对公开法庭原则的影响尽可能小。在加拿大，法院记录公开是基本原则，不公开是例外，这是普遍的观念。例如，加拿大新斯科细亚省法院行政办公室编著《媒体、公众与法院关系实务指南》(2004)② 就建议，所有法院的全部文件都是一种公共记录，作为一般规则，除非法律另有规定或法院明令限制，公众均可获得。几乎所有的法院诉讼记

---

① 参见 http://www.scc-csc.gc.ca/mediaportal/decisionscourt/index_e.asp.
② 参见加拿大新斯科细亚省法院行政办公室编著，蒋惠岭译：《媒体、公众与法院关系实务指南(2004)》，《人民法院报》2013年11月15日。

录都应当供公众查询，公众（包括媒体）可以获取由法院行政官保管的法院档案，禁止出版的档案也向公众开放。

虽然绝大多数法院文件档案都向公众和媒体开放，但仍有一些立法规定和司法决定限制获取某些法院档案。许多立法明确限制公众对某些特定司法程序或信息的获取。比如加拿大证据法第38条规定，如果法院听审记录涉及国际关系和国防国家安全，则属于机密。为了保护未成年人的利益，《青少年刑事司法法》《青少年司法法》《儿童与家庭服务法》等法均规定了对公众获取法院记录的限制。不向公众公开或者只有在法官同意的情况下才能得到的法院档案包括：①青少年犯罪人案件档案（包括磁带和文本）；②《青少年刑事司法法》和《青少年司法法》——有关庭期表与档案材料；③适用《儿童与家庭服务法》规定的所有与收养有关的记录都不对外公开；④虐待儿童登记；⑤家庭法院档案；⑥和解协议；⑦司法行政官档案；⑧未执行与未成功执行的搜查令；⑨不可预见费用合同；⑩被害人陈述；⑪判决前报告；⑫保证金；⑬审前调解程序的记录文件（只适用于民事诉讼）；⑭精神病学报告或其他医学报告；⑮证据展示；⑯庭期表。

（3）最高法院获取法院记录政策

《获取加拿大最高法院法院记录的政策》[①] 于2015年3月17日生效，取代了2009年版。鉴于该政策具有示范意义，我们下面单独予以介绍。

政策的目的。 该政策的目的是规定公众、媒体和司法程序当事人查阅加拿大最高法院书记官长办公室（SCC）保存的法庭记录的原则，以及特定案件中可能存在的对查阅记录的任何限制。SCC将向公众、媒体和司法程序各方提供法院审理的任何司法程序中的法庭记录，以平衡宪法对公开法庭的要求与公众和司法程序参与者的其他权利，即个人的隐私、安全以及适当的司法。

该政策还规定了在提供SCC法庭记录的访问权限时的一般适用原则。其包括一般性规定和获取限制两方面。该政策适用于任何格式的所有法庭记录，

---

① 参见 Policy for Access to Supreme Court of Canada Court Records. at https://scc-csc.ca/case-dossier/rec-doc/pol-eng.aspx.

无论这些记录是以纸质、缩微胶片、数字或任何其他格式创建、存储或提供的；双方提交的法庭记录按双方提供的格式保存。无法按提供的格式查阅记录的人应联系登记处或记录中心，以获取其他格式的信息；政策中的任何规定均不限制法院成员、书记官长、副书记官长和SCC工作人员获得法庭记录；由于当事方有权在与法院的书面通信中使用英语或法语，因此，当事方提交或发送给当事方的法庭记录以当事方使用的语言提供，无需修改，搜索界面有两种官方语言。

查阅法庭记录可能会受到以下限制。查阅任何法庭记录须遵守继续适用于SCC程序的法院的任何命令、加拿大最高法院或法官的命令，或任何适用的法定或普通法条款或惯例、规则，或下级法院的指示，以封存法庭记录或限制查阅法庭记录的权利；法院工作人员审查双方在每起案件中提供的信息，以确定是否对获取法庭记录有限制，并在案卷中记录任何限制；如果法庭记录或案件档案的访问受到限制，则可以完全禁止访问法庭记录或案例档案，或者仅限于法庭记录的编辑版本（如果可用）。包含个人信息的法庭记录，即使可能被访问，也可能被禁止发布。

如何获取法院卷宗。个人可通过填写SCC登记处提供的法院记录请求，请求间接访问（Mediated Access）SCC的法庭记录。请求表可以在SCC网站①上找到。申请表包含申请者类型（注册者、未注册者）、申请者信息（姓名、地址、城市、邮编、电话、邮箱等）、请求（目的、案号）、发送方式（表格、纸质、电子）、费用、评论、条款和条件。申请表中的信息有些是必填的，有些是选填的，比如个人信息中是先生或者是小姐、夫人，是商业机构或组织。某些法庭记录的电子版本可通过SCC网站远程访问，包括：上诉判决、案卷信息、提出上诉的事实、进行的上诉听证会的网络广播、案例总结等。

关于查阅费用。根据《加拿大最高法院规则》附件A的规定，可向书记官长支付与间接查阅法院记录有关的服务费用，如复印件。查阅案件档案不收取任何费用。出于个人、商业或教育目的，可通过填写"使用法庭照片、

---

① 参见 https://www.scc-csc.ca/case-dossier/rec-doc/request-demande-eng.aspx#tab_form.

视频或网络广播请求"付费获得法庭听证会的录音、录像或网络广播副本。

已注册者的查阅要求。对于需要定期间接访问一个案件档案中的多个法庭记录，或在不必每次填写法庭记录请求的情况下访问一个或多个案件档案的人，可以使用注册访问权限。如果远程访问法庭记录的目的符合本政策、版权和其他适用法律，则无需注册访问。登记查阅的请求应以书面形式向司法常务官提出，并应说明请求的理由，并提供将被查阅的法庭记录类型的信息。书记官长或其代表应在考虑到以下情况下，决定是否应批准请求以及应规定哪些条款和条件：寻求访问的目的与宪法规定的法院开放权的理由之间的联系；如果请求得到批准，可能对个人权利和适当司法产生不利影响；对允许访问的法庭记录中所含信息的不当使用的补救措施。注册访问协议的有效期为 12 个月，可根据个人要求选择续期。

(4) 加拿大的电子查阅法院记录

电子归档是指以法院指定的电子格式编制并通过电子邮件或互联网交付的法庭文件（诉状、原诉通知、宣誓书等）的归档。2002 年，加拿大最高法院和加拿大联邦法院委托进行了一项"电子备案研究"。该研究寻求加拿大法律界成员对电子备案的意见。该研究的目的是确定加拿大律师对电子申报的看法，以帮助发展电子申报服务的范围。这项研究发现，加拿大对电子提交系统的需求巨大，以电子方式启动法庭诉讼和提交文件将带来重大好处。自开展这项调查以来，加拿大一些司法管辖区已经引入了某种形式的电子申报。其中包括加拿大最高法院、加拿大联邦法院以及安大略省、不列颠哥伦比亚省、阿尔伯塔省、纽芬兰省、新斯科舍省和爱德华王子岛法院。加拿大其他司法管辖区正在寻求增加电子申报系统。2008 年，萨斯喀彻温省上诉法院对如何实现有效的电子申报程序进行了可行性研究，以期在未来实施这一系统。

现在电子申报系统在加拿大很常见。然而，现有的电子申报系统因司法管辖区而异。有些司法管辖区要求电子申报，而另一些司法管辖区则规定电子申报是可选的。电子立案在上诉法院比在上级法院或审判法院更常见。电子提交系统的技术要求千差万别：有些司法管辖区使用服务提供商，有些要求以 WordPerfect 格式提供文件，有些则以 Word 格式提供，另一些则以 PDF 格式提供。一些司法管辖区要求通过电子邮件发送文件，其他司法管辖区则要求以光盘形式提交文件，还有一些司法管辖权要求通过安全网站提交文件。

在新信息技术出现的背景下，公开获取法庭记录有望带来许多好处。与此同时，不受限制地查阅法庭记录也可能侵犯个人隐私和安全权利。特别是，获取记录的新手段对这些权利构成了新的威胁，如数据挖掘、身份盗窃、跟踪、骚扰和歧视。此外，如果出于不正当目的或以破坏司法的方式查阅和利用法庭记录，那么公众对司法的信心可能会受到损害。各种法定条款和普通法措施，包括封令和出版禁令等机制，已经可以用来保护这些利益。然而，这些都是生硬的工具，对公开法庭原则产生了重大影响。新技术和方法可以为保护这些利益提供其他选择，以允许更仔细地调整对访问的限制，包括在记录中隔离某些类型的敏感数据，并利用起草协议最大限度地减少在法庭记录中插入个人数据。示范政策的既定目的是帮助加拿大法院制定自己的查阅法院记录政策，其方式符合加拿大关于在公开法庭原则与隐私、安全和司法等其他重要价值观之间取得平衡的共识。

加拿大的"示范政策"规定了加拿大司法委员会查阅法庭记录的示范制度：公众可以查阅判决和待审案件信息，尽管在某些情况下可能会删除一些个人信息；当事人也可以查阅他们的法庭记录。尽管法院网站为在线获取判决提供了便利，某些司法管辖区也为获取待审案件信息提供了方便，但当事人还无法在线获取其法庭记录。这可能是技术限制和对隐私利益的担忧造成的。然而，正在制定的旨在促进此类准入的方案，如阿尔伯塔省的方案，表明加拿大法院正在朝着实施"示范政策"中概述的标准迈进。

3. 澳大利亚公众查阅法院卷宗制度

澳大利亚目前关于获取法院信息的立法框架是由法定条款和法院规则组成的。立法框架缺乏连贯性，在没有涉及获取信息的条款的地方存在漏洞，也没有阐明与获取法院信息有关的原则。[①] 而且允许查阅法庭文件的做法因法院

---

① 参见 New South Wales Attorney General's Department, Review of the Policy on Access to Court Information 21（April 2006）("NSW Review"), *available at* http://www.agd.nsw.gov.au/Lawlink/Corporate/ll_corporate.nsf/vwFiles/Access_to_Court_Information.pdf/$file/Access_to_Court_Information.pdf.

而异。

(1) 宪法

澳大利亚宪法没有规定公众获取法院卷宗信息的权利。就宪法上公众获取法院记录权缺席这一点，它有点像"司法公开原则"，它仅仅是"原则"，其本身并不是公众直接获取法院文件的权利根据。然而，宪法确实包括两个潜在的隐含宪法权利来源，这可能会影响作为非当事人的公众查阅法庭记录文件的能力。① 其中包括隐含的政治和政府事务沟通自由，这一点已得到澳大利亚高等法院的承认。澳大利亚法院似乎普遍认为，这种隐含的自由与立法和行政事务相关的通信有关，但并不"包括关于法院和法官的推理或行为、司法权力的行使或案件结果的通信"；新南威尔士州上诉法院认定，这种隐含的自由并没有为公众或媒体提供获取任何政府部门文件的"个人的积极权利"。

此外，《澳大利亚宪法》赋予法院司法权的第三章在一些裁决中被解释为包含"程序"要求。有人建议，这一程序要求反过来可能包括开放性元素。然而，这一程序要求在澳大利亚判例法中没有得到很好的定义，也没有得到普遍接受，即使得到更充分的发展，也不太可能支持获得法庭文件的具体权利。

(2) 成文法

当下澳大利亚人获取法院纪录的权利来自不同的立法条款及法院规则。不管是通过前往法院登记处的获取或者网上远程获取，这些规则在适用时没有区别。但是，这些规定缺乏连贯性，许多在涉及公众获取上的规定存在差异，而且没有详细阐释有关获取法院记录的原则。②

澳大利亚每个州都制定了信息自由法律③，但这些法律一般并不允许公众查阅与司法程序有关的文件。1982年的《信息自由法案》却为公众提供了

---

① 参见 Sharon Rodrick. Open Justice, the Media and Avenues of Access to Documents on the Court Record, UNSW Law Journal, 2006(29): 90.
② 参见 http://www.agd.nsw.gov.au/Lawlink/Corporate/ll_corporate.nsf/vwFiles/Access_to_Court_Information.pdf/$file/Access_to_Court_Information.pdf.
③ 参见 Freedom of Information Act 1982, available at http://www.austlii.edu.au/au/legis/cth/consol_act/foia1982222/.

获取司法行政记录的规定。在该法的（1）(a) 部分，公共机构被界定为包括法院，必须使"关于部分和公共当局运作的公共信息具有可用性"。

某些立法条款或法院规则为公众获取法院记录提供了可能。例如新南威尔士1986年《刑事诉讼法》第三百一十四条，该法案允许媒体成员"从刑事诉讼程序开始到最终处理后2个工作日届满的任何时间，查阅任何与刑事诉讼程序有关的文件，以编制一份关于刑事诉讼程序的公正报告供发布。"[①] 根据1986年《刑事诉讼法》，可供查阅的文件包括"起诉书副本、出庭通知或启动诉讼的其他文件、作为证据提交的证人陈述、证据摘要、警方情况说明书（在认罪的情况下）、证据记录以及定罪或命令的任何记录"。

此外，在上诉法院、刑事上诉法院和新南威尔士州最高法院的每个部门，如果法院允许查阅某些司法记录，公众可以查阅这些记录。可以访问的法庭记录类型如下：已结束的法律程序中的诉状书和判决，但已作出对其或其部分保密的命令的除外；记录在公开法庭上所说或所做的事情的文件；被接纳为证据的材料以及任何在公开法庭出庭的人本应听到或看到的信息。

此外，在上诉法院、刑事上诉法院、每个新南威尔士州最高法院的分院，公众可以获取某些司法记录，如果法院授权许可获取这些记录的话。可以获取法院记录的类型如诉讼程序中的已经完结的诉答状和判决，除非一个裁定要将它们或它们中的部分保持秘密；记录公开法庭所说所做的文件；将被所有人在公开的法庭中听到或看到的已经被作为证据的材料。但是，法官或登记处可以拒绝获取这些文件，如果他认为这些材料的全部或部分应当保持秘密状态。某些类别的信息被立法特别保护，一般情况下不能向当事人之外的第三方披露，除非法官或登记官坚信特殊的情形下值得披露。例如名字或性侵案件中受害人身份信息，证人的信息和未成年犯罪被告的名字。

澳大利亚法院的固有或隐含权力可能允许非当事人查阅法院记录，但这具体取决于法院。例如，上级法院或各州的最高法院具有固有的或无限的管辖权。由于这种固有的管辖权，法院有权允许非当事方查阅法庭记录；一些

---

① 参见 http://www.austlii.edu.au/au/legis/nsw/consol_act/cpa1986188/s314.html.

法院也有自己的关于非当事方的公众获取法庭记录的规则，这导致了澳大利亚各法院采取了各种方法。一些法院，如高等法院，"授予无条件的查阅法院档案文件的权利"。其他法院允许登记官或法院在不同程度上限制查阅，一些法院禁止所有人查阅法院档案。另一方面，依法设立的法院，如家庭法院、地方法院和县法院，不具有固有的权力。相反，他们的管辖权是由法规定义的，这些法院没有不受约束的能力允许非当事方进入。例如2011年澳大利亚联邦法院就通过了《联邦法院规则》，其第2.32规定，公众可以获取几乎所有联邦程序中的文件，除非法院或法官命令该文件是保密的。2.32（2）具体列举了非当事人的公众可以在法院的记录室搜索、查阅、复制法院记录的文件范围。它们包括：送达地址的通知；诉答或诉答说明或类似的文件；自认事实的陈述；中间申请；法院判决或指令；上诉通知或交叉上诉；诉讼终止通知；更换律师通知；行为停止通知；判决理由；和申请一起的宣誓书。西澳大利亚最高法院规则规定的公众可以获取文件的类型则少得多，仅包括四种：任何令状的复印件；诉求陈述；任何在2001年公司法下制作的原始申请；任何被最高法院归档的上诉通知。其余的文件是否允许公众获取，由法院裁量决定。

（3）判例法

澳大利亚法院保护公众观察司法程序的权利。在John Fairfax & Sons Limited诉警察法庭一案中，McHugh法官表示，普通法的基本规则是司法必须在公开法庭上进行。只有当遵守该规则会阻碍司法或其他公共利益时，法院才能偏离该规则，议会已修改了公开司法规则。公开司法的原则还要求，不应采取任何行动阻止对法庭上发生的事情进行公正和准确的报告。[①] 澳大利亚法院通常拒绝承认存在查阅司法记录的普通法权利，除非信息寻求者能够对司法记录表现出足够的兴趣或需要。普通法中没有查阅司法记录的一般权利，因为法院档案不是公共登记册。[②] 但是，在Titelius v. Public Service

---

[①] (1986) 5 NSWLR 465, 476-477, *cited in* Law Reform Commission, New South Wales, Report, 2003: 100.

[②] Law Reform Commission, New South Wales, Discussion Paper: 43, Contempt by Publication 11.3 (2000), *available at* http://www.lawlink.nsw.gov/au/lrc.nsf/pages/dp43chp11.

Appeal Board & Ors 案中西澳大利亚州最高法院则与新南威尔士州和维多利亚州的最高法院不同,认为公众具有普通法上的权利检查在公开法庭上作出的法院命令,除非法规或法院禁止查阅。必须指出的是,在西澳大利亚州,这种查阅权是一种狭义的权利,因为它只适用于法院命令,而不适用于法院记录中的其他类型的文件。①

如上所述,在澳大利亚,公众查阅法院登记处存档的文件受到法令或法院规则的管制,它们是查阅法院记录的主要指导来源。一般来说,任何个人都可以查阅向最高法院提交的记录,除非法院下令对特定文件保密。司法裁决也证实,尽管媒体可以自由报道公开法庭上发生的事情,但澳大利亚的公众通常无权查阅法庭档案中的文件(无论该文件是否在法庭上使用或由法官阅读)。

尽管这些英美法系国家之间公众获取法院记录存在诸多差异,但仔细观察,仍能发现不少共性之处。其一,公众获取法院记录成为社会的共识,有宪法、立法、普通法或法院规则等保障公众享有获取法院记录的权利。其二,保障公众以传统方式获取法院记录的同时,发展远程在线获取法院记录。除了我们提到的美国的联邦司法案件管理/电子案件档案系统(CM/ECF)和PACER,澳大利亚、加拿大也有类似的网上获取法院记录平台。如澳大利亚公众可以通过联邦法院门户网站(CCP)获取法院记录,CCP 为获取法院案件信息的客户提供网页数据服务。公众在该网站上创立用户名,设定密码,注册成功后就可以获取法院记录。公众借助来自 CCP 的邮件可以选择接收"通知"以追踪案件进程。当一个新的法院文件被提交、新的裁定上传,这些通知会建议你去追踪。一些特定的诉讼信息,公众不需要登记,就可以通过 CCP 内的联邦法律搜索(FLS)获取。澳大利亚的法院更乐于接受公众通过电子邮件提请的获取法院记录的申请。再如,按照 2015 年《获取加拿大最高

---

① Vanessa Yeo. Access to Court Records: The Secret to Open Justice. Singapore Journal of Legal Studies, 2011: 514.

法院法院记录政策》①的规定，公众可以获取放置在 Standers Council of Canada（SCC）网站登记处上的联邦法院记录，某些法院记录的电子版本也可通过 SCC 网站远程获取。其三，注重保障公众的司法知情权和保护个人信息权的平衡。这些国家一方面实现司法公开的公开化，另一方面对公众获取法院记录的范围作出限定或排除，努力消弭公众司法知情权保障与个人信息保护之间的紧张关系。

二、日本公众查阅法院卷宗制度

一般来说，日本很少承认公众对法庭诉讼有任何兴趣。在刑事案件中，在做出判决和用尽所有上诉之前，禁止公开审查法庭记录，在某些情况下，案件从逮捕起诉起可能耗费 20 年甚至更长时间。在民事案件中，《民事诉讼法》规定，公众可以在正在审理的案件中查看——但不能复制——法庭记录。日本 1946 年的《宪法》没有规定获取政府或法院掌握的信息的具体权利。②虽然《宪法》第二十一条保障"集会和结社自由以及言论、新闻和所有其他形式的言论自由"，但是它不保护公众获取政府掌握的信息的权利。但 1969 年，日本最高法院扩大了对第二十一条的解释，将"知情权"包括在内。③日本《行政机关信息公开法》于 2001 年 4 月 1 日生效。这项法律在日本历史上首次确立了一项可依法强制执行的权利，要求查阅日本政府持有的行政文件。该法的第一条涉及法律的目的，声称信息公开的目标是为了确保"公民对政府的各种活动可以问责，并有助于建立一个能让公民适当地了解和批评的公平和民主的政府"。日本下级政府订立的许多信息权规章领先于同时也在一定程度上推动了国家级法律的订立。事实上，在 1999 年全国性的信息

---

① http://www.scc-csc.ca/case-dossier/rec-doc/pol-eng.aspx.
② Japanese Constitution (1946), *available at* http://www.solon.org/Constitutions/Japan/English/english-Constitution.html.
③ Information Clearinghouse Japan, *Japan — Breaking Down the Walls of Secrecy: The Story of the Citizen's Movement for an Information Disclosure Law*, July 27, 2002, http://www.freedominfo.org/features/20020727.html; Toby Mendel, *Freedom of Information as an Internationally Protected Human Right*.

权法通过时，900多个城市已经订立了此类规章。根据日本《信息自由法》，任何人都可以要求法规所涵盖的行政机关披露行政文件。"行政机构"一词的定义包括依法设立的内阁机构或内阁管辖下的机构、某些特定的行政机构和审计委员会。2001年11月颁布的另一项法律将日本《信息自由法》的适用范围扩大到公共服务公司。然而，司法机构仍然不在日本《信息自由法》的调整范围之内。

2005年东京高等法院的一项裁决强化了日本《信息自由法》不适用于司法机构。武藤久史（Hisashi Muto）是一名普通公民，他在2001年试图利用日本《信息自由法》要求日本最高法院公布四份文件，其中包括1976年7月最高法院法官的会议记录，这些法官支持在洛克希德飞机公司贿赂调查中免于起诉。① 最高法院拒绝披露这些文件，理由是"法官会议的结论除外"②。武藤提起诉讼，声称国家侵犯了他获得信息的宪法权利，并要求赔偿130万日元。

2004年6月，东京地方法院裁定，最高法院拒绝公布洛克希德公司贿赂丑闻的四份司法行政文件中的两份是非法的。关于最高法院大法官会议记录，东京地方法院认为，"披露（大法官）的决策过程不会对未来的诉讼产生不利影响。"法院补充说，"最高法院秘书处处长拒绝披露会议内容的行为是非法的"。法院命令最高法院公布这些文件，并要求国家向武藤支付6万日元的赔偿金，"因为它侵犯了宪法规定的知情权"。

在上诉中，东京高等法院推翻了地方法院的判决，驳回了武藤的诉讼请求。③ 法院认为，最高法院不披露大法官会议记录的政策"符合信息披露法，该法将某些文件定义为机密文件"。东京高等法院进一步解释说，武藤要求的

---

① *High Court Reverses Ruling on Lockheed Scandal Documents*, Japan Economic Newswire, February 9, 2005; *Supreme Court's Refusal to Disclose Documents Ruled Illegal*, Japan Economic Newswire, June 24, 2004.

② *Top Court's Refusal to Release Documents Illegal*, The Japan Times, June 25, 2004, available at http://search.japantimes.co.jp/print/nn20040625a2.html; *High Court Reverses Ruling on Lockheed Scandal Documents*, Japan Economic Newswire, February 9, 2005.

③ *High Court Reverses Ruling on Lockheed Scandal Documents*, Japan Economic Newswire, February 9, 2005.

会议记录包括"关于如何行使日本司法权这一关键问题的讨论，这些讨论是在公众关注洛克希德丑闻调查时进行的，文件不可避免地会被保密"。

  总体而言，日本在是否允许公众查阅法院卷宗方面的态度是比较保守和消极的。同属于大陆法系的德国也大抵如此。不像英美法系自然认为的那样，法庭档案是公共记录，公众可以很容易地访问和查阅。在德国不是这样的，例如，与土地登记信息一样，德国在法律文件方面相当保密。根据德国法律，公众没有检查和复制法庭记录的一般权利。相反，德国民事诉讼的书面内容（律师陈述、证人陈述、专家意见等）被认为是私人和机密事项，在德语中被称为"vertraulich"。依照《德国民事诉讼法》第299条第（2）款规定：未经法律程序各方同意，法院只有在第三方证明有合法利益查看法院文件的情况下，才允许第三方查看文件。德国法院对这种"合法利益"的定义相当狭隘。一家律师事务所代表一位客户起诉同一被告的客户，这一事实本身并不构成查看德国法院文件的合法利益。这意味着潜在的原告不能简单地通过查阅法庭记录来了解另一原告的法律顾问在某个案件中已经提出的论点。唯一的选择是联系另一方的法律顾问，询问他们是否愿意披露自己的材料，这显然也需要征得各自客户的同意。但从上文我们介绍的日本地方法院与高等法院之间关于公众能否查阅法院卷宗的分歧来看，日本在否定公众查阅法院卷宗的保守态度上不再是铁板一块，事情正在积极的方向发展变化。

第四章

我国公众查阅法院卷宗的梳理和检视

在本章中，我们将对我国的法院卷宗制度、查阅法院卷宗以及公众查阅法院卷宗的制度表达和实践进行梳理和考察，以期对我国现行公众查阅法院卷宗的现状作出一个客观、冷静的分析。其中自然会涉及社会关注度较高的审判秘密、法院副卷等，对于这些存在已久的制度的存废等改革问题，本章会明确表明观点。

一、我国法院卷宗查阅的规定和实践

在我国现行的法院档案有关规定中，交替使用了"借阅"和"查阅"，前者往往指有关法院、国家机关等基于工作的需要，按照一定的程序调阅法院档案的活动。后者指的是当事人、代理律师、辩护人按照规定查阅法院档案的活动。但有时也不特别区别"借阅"和"查阅"。如《最高人民法院办公厅关于印发〈诉讼档案收集、整理、立卷、归档、借阅的操作程序〉的通知》（法办〔2003〕269号）就法院内部各审判庭因办案需要的调卷问题进行了规定。《人民法院档案管理办法》在第三章"诉讼档案的利用"（第十五条）中就规定，各级人民法院工作人员、有关单位因工作需要，可以查阅、借阅本院与其工作相关的诉讼档案。现行关于法院档案的规定中，既有法律、司法解释，也有司法文件。其中的法律有《民事诉讼法》，其在第五十二条、六十四条、一百五十九条就法院的有关诉讼档案的查阅进行了规定。依照现行的民事诉讼法，当事人和代理诉讼的律师和其他诉讼代理人可以查阅、复制本案有关材料和法律文书，但查阅、复制本案有关材料的范围和办法由最高人民法院规定。一般的社会公众也可以查阅发生法律效力的判决书、裁定书，但涉及国家秘密、商业秘密和个人隐私的内容除外。除了《民事诉讼法》外，《行政诉讼法》在第三十二条、六十五条中也就法院的诉讼档案的查阅作出了规定。当事人和其他诉讼代理人有权按照规定查阅、复制本案庭审材料，但涉及国家秘密、商业秘密和个人隐私的内容除外。人民法院应当公开发生法律效力的判决书、裁定书，供公众查阅，但涉及国家秘密、商业秘密和个人隐私的内容除外。最高人民法院关于适用《民事诉讼法》的解释对公民、法人或者其他组织申请查阅发生法律效力的判决书、裁定书的程序、要求和遇到问题的处理等进行了进一步的细化。最高人民法院关于适用《行政诉讼法》的解释则没有做出相应的细化。至于《刑事诉讼法》中规定的辩护人对案件的材料的查阅不属于我们研究的范畴。依照该法的第四十条的规定，辩护律师自人民检察院对案件审查起诉之日起，可以查阅、摘抄、复制本案的案卷材料。其他辩护人经人民法院、人民检察院许可，也可以查阅、摘抄、复制上述材料。这里的"案卷材料"实际上指的是检察院的案卷，本书研究的是法院的卷宗。对法院卷宗查阅做出专门、详细规定的更多是司法文件。甚至有些特殊刑事案件的卷宗也是可以查阅、调阅的。如最高人民法院办公厅给湖北省高级人民法院《关于案件当事人及其代理人查阅诉讼档案有关问题的请示》的复函《最高人民法院办公厅关于案件当事人及其代理人查阅诉讼档案有关问题的答复》（法办〔2005〕415号）中说，当事人也可以查阅刑事案件、行政案件和国家赔偿案件的正卷；最高人民法院办公厅给四川省高级人民法院《关于死刑执行材料存档问题的请示》中说明，同意将关于死刑案卷中的执行死刑笔录、布告签发稿、执行死刑报告、死刑执行照片、尸体处理登记表等不宜对外公开的材料，列入副卷。同时，对执行死刑材料已经订入正卷中的案卷，在利用时要根据关于"涉及国家秘密、个人隐私和对社会有不良影响的案卷"不得查阅的要求严格把握；根据《最高人民法院办公厅、最高人民检察院办公厅关于调阅诉讼卷宗有关问题的通知》（法办〔2010〕255号），人民检察院在办理法官涉嫌犯罪案件、抗诉案件、申诉案件过程中，可以调阅人民法院的诉讼卷宗。目前，我国法院卷宗查阅的相关规定集中体现在《人民法院档案管理办法》《最高人民法院关于诉讼代理人查阅民事案件材料的规定》《最高人民法院、司法部关于推进人民法院档案卷宗电子化工作的通知》《人民法院电子诉讼档案管理暂行办法》《电子文件归档与管理规范》等司法文件中。

根据这些规定和要求，以及随着信息化社会的到来，近年来，我国建立了中国裁判文书网、中国执行信息公开网、中国审判流程信息公开网、中国庭审公开网、人民法院公告网等信息公开平台供当事人和社会公众查阅。除了全国性的司法信息公开平台外，各级人民法院在法院卷宗的线下和线上查询上进行了各种尝试，① 尤其是随着我国法院档案数字化、信息化、"智慧法院"等建设，法院在电子卷宗的查阅方面做了大量工作，在方便查阅主体方面取得斐然的成绩。实践中，法院机关审判人员因工作需要，查阅、打印本人已审结的诉讼案件的电子档案，应通过院机关审判管理系统提出"借阅申请"，经档案管理人员审核后，可以利用所需要的电子诉讼档案；查阅、打印其他审判人员已审结的诉讼案件的电子档案正卷，要经过本部门负责人批准和档案管理人员的审核。法院机关其他工作人员查阅、打印已审结的诉讼案件的电子档案正卷，需经本部门主要负责人批准和档案管理人员审核。上级法院调用已审结的诉讼案件的电子档案，由业务部门凭借卷单和上级法院调卷函，经档案管理人员审核后，可以调用所需要的电子诉讼档案。党政等有关单位因工作需要，调阅已审结的诉讼案件的电子档案正卷，需持介绍信和两名以上工作人员的工作证。案件当事人及诉讼代理人可以申请打印复制所查阅的相关电子诉讼档案材料。案件当事人及其代理人查阅电子诉讼材料所需手续与查阅纸质卷宗所需手续一致。经批准打印复制的材料，加盖档案证明专用章。案件当事人及其诉讼代理人查阅涉及国家秘密、商业秘密、个人隐私案件及其死刑案件，可能造成不良影响、后果的重大敏感案件，应当填写查阅诉讼档案申请单，由档案管理部门相关审判业务部门审查是否允许查阅。庭审录音录像的查阅应当遵守档案管理规定，未经人民法院许可，任何组织和个人不得复制和传播庭审活动录音录像。调阅不公开审理案件的庭审录音录像应当遵守相关的保密规定。庭审录音录像数据光盘可以依法查阅，但不得复制。此外，庭审活动录音录像应同时存入计算机存储系统，并异地异质进行备份存储。未经依

---

① 例如河南内黄县人民法院出台了《内黄县人民法院当事人查阅卷宗须知》，规定当事人、律师和其他诉讼代理人可查阅、刻录电子诉讼档案正卷，也可通过诉讼服务中心自助打印机终端查阅、打印电子诉讼档案正卷。参见 https://www.thepaper.cn/newsDetail_forward_22483805，2023 年 4 月 5 日。湖北安远县人民法院出台了《安远县人民法院诉讼档案查档须知》，内容比内黄县人民法院的丰富。它规定的查阅的主体除了当事人及代理人还对非所查阅诉讼档案案件的当事人的代理人、检察机关、公安机关、国家安全机关、纪检监察机关等其他单位等进行了规定。安远县还特别说明，诉讼档案已电子化的，原则上不再提供纸质档案查阅。需复制档案材料的，由法院工作人员复制、核对并加盖"调查材料专用章"，与档案原件具有同等效力。参见 http://www.yaxfy.hbfy.gov.cn/DocManage/ViewDoc? docId = 49be2807-708b-44d7-8a31-152b7edc5cfb。

第四章 我国公众查阅法院卷宗的梳理和检视

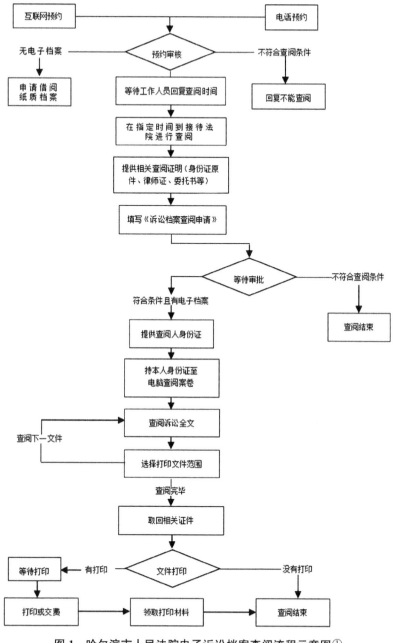

图1 哈尔滨市人民法院电子诉讼档案查阅流程示意图①

---

① 来源于http://hebzy.hljcourt.gov.cn/public/detail.php?id=9349.登录时间为2022年10月1日。其为哈尔滨市两级法院"社会公众远程查阅电子诉讼档案"服务平台查阅指南中的第五项内容。该"指南"分为"简介""服务承诺""哈尔滨法院社会公众远程查阅电子诉讼档案服务平台查阅说明书""示意图"等几部分。

079

法批准，任何单位和个人不得调用、查阅、复制电子诉讼档案副卷。① 各级人民法院普遍建立了电子档案查询的指南、流程或要求。②

表1 广州市中级人民法院查阅主体申请查阅密码所需证明材料③

证明材料 申请内容 主体类别	有效证明材料内容
申请人为自然人	□ 当事人本人申请的，本人须提供有效身份证；当事人委托律师申请的，受托律师须提供授权委托书、律所介绍信或律所函、律师证、当事人有效身份证复印件；当事人委托自然人申请的，受托人须提供公证授权委托书、当事人有效身份证复印件、受托人有效身份证。 □ 当事人已故，近亲属提出申请的，近亲属（具有完全民事行为能力的自然人）须提供当事人死亡证明、与当事人存在近亲属关系的证明材料。 □ 当事人为无民事行为能力或限制民事行为能力，监护人申请的，监护人须提供监护关系证明材料；监护人为单位、居委会、村委会、民政部门，委托自然人申请的，受托人须提供授权委托书、受托人有效身份证、被监护人所在单位、居委会、村委会、民政部门的推荐书。 □ 当事人为个体工商户，个体劳动者本人申请的，须提供有效身份证、盖有印章的营业执照副本复印件；委托律师申请的，受托律师须提供授权委托书、盖有印章的营业执照副本复印件、个体劳动者有效身份证复印件、律所介绍信或律所函、律师证。 □ 当事人为农村承包经营户，承包经营者本人申请的，须提供本人有效身份证；委托律师申请的，受托律师须提供授权委托书、承包经营者有效身份证复印件、律所介绍信或律所函、律师证。 □ 当事人为个人合伙，合伙人本人申请的，须提供本人有效身份证、盖有印章的合伙合同复印件；委托律师申请的，受托律师须提供授权委托书、盖有印章的合伙合同复印件、合伙人有效身份证复印件、律所介绍信或律所函、律师证。 □ 诉讼代理人申请的，须提供代理案件判决书、裁定书原件、身份证明资料（律师证或有效身份证）。 □ 其他申请人提出申请的，须提供人民法院认为需要提交的证明材料

---

① 参见陈秀娟：《浅谈人民法院诉讼卷宗同步电子录入及利用工作》，载《办公室业务》（下）2022年第6期。
② 为了直观地了解实践中的法院电子诉讼档案查阅的流程和要求，笔者选取了哈尔滨市中级人民法院和广州市中级人民法院的做法，以图表的方式予以展示。
③ 来源于http://www.gzcourt.org.cn/ck91/ck92/index.html. 2023年2月8日登录。查阅主体在互联网上登录"广州审判网"，通过"诉讼档案电子文件查阅"平台的检索工具自行检索诉讼档案电子文件目录。查阅主体使用"查阅密码"查阅相应的诉讼档案电子文书，遗失查阅密码的，可提供有效证明材料到立案大厅申请查阅密码。

(续表)

证明材料 申请内容 主体类别	有效证明材料内容
申请人为法人	□ 法人代表申请的，须提供盖有印章的法人营业执照副本复印件、法人代表有效身份证； □ 当事人委托工作人员申请的，受托人须提供授权委托书（须注明工作人员身份证号码）、盖有印章的法人营业执照副本复印件、法人代表身份证明、受托人有效身份证； □ 当事人委托律师申请的，受托律师须提供授权委托书、律所介绍信或律所函、律师证、盖有公章的法人营业执照副本复印件； □ 诉讼代理人申请的，须提供代理案件判决书、裁定书原件、身份证明资料（律师证或有效身份证）； □ 其他申请人提出申请的，须提供人民法院认为需要提交的证明材料
备注	表中所指"近亲属"是指当事人的配偶、父母、子女、兄弟姐妹、祖父母、外祖父母、孙子女、外孙子女和其他具有扶养、赡养关系的亲属；"工作人员"是指与法人、其他组织存在劳动或人事关系的人员；"受托人"是指具有完全民事行为能力的自然人

表2 广州市中级人民法院诉讼档案电子文件查阅申请表

姓名（单位名称）			案　号	
身份证号				
联系方式	电话号码		拟阅卷时间	年月日时分
	手机号码			
	电子邮箱			
查询目录	□	上诉状		
	□	答辩状		
	□	庭审笔录		
	□	原审判决书、裁定书		
	□	判决书、裁定书		
处理意见及理由	□ 同意			
	□ 同意 （限制利用）	□ 涉及商业秘密，限制网络利用范围； □ 涉及个人隐私，限制网络利用范围； □ 可能造成不良社会影响、后果，限制网络利用范围； □ 其他限制网络利用范围的情形		
	□ 不同意	□ 申请主体不适格； □ 涉及国家秘密，不予网络利用； □ 未成年人刑事诉讼封存档案，不予网络利用； □ 其他不予网络利用的情形		
查阅主体意见或建议				

二、我国公众查阅法院卷宗的表达与实践

前文我们从一般意义上对我国法院的诉讼档案（卷宗）查阅的相关规定进行了简单梳理，对实践中法院卷宗的查阅情况进行了一般考察。鉴于我们的论题是公众查阅法院卷宗研究，下面我们侧重对我国公众查阅法院卷宗的情况进行研究。本部分的研究分两部分：一部分为公众查阅法院卷宗的制度表达；另一部分为公众查阅法院卷宗的实践。所谓公众查阅法院卷宗的表达，即我国公众获取法院卷宗的依据，也就是说有无法律或其他规范性法律文件授权公众可以获取法院的记录。依据《宪法》第一百三十条的规定，人民法院审理案件，除法律规定的特别情况外，一律公开进行。该规定尽管是我国审判公开原则的宪法根据（姑且将其看成是我国司法公开原则的宪法性根据），但它毕竟是概括性的原则，没有也不可能对司法公开的具体内容做出规定，充其量只能推导出公众享有获取法院记录的权利。《人民法院组织法》第7条规定，人民法院审理案件，除涉及国家机密、个人隐私和未成年人犯罪案件外，一律公开进行。但该条也仅仅是稍微细化了《宪法》第一百二十五条的有关审判公开的规定。

我国就公众查阅法院卷宗做出明确法律规定的是《民事诉讼法》和《行政诉讼法》。其中，《民事诉讼法》第一百五十九条规定，公众可以查阅发生法律效力的判决书、裁定书，但涉及国家秘密、商业秘密和个人隐私的内容除外。这是我国历史上首次从立法层面对公众查阅判决书、裁定书等法院记录做出的规定，其对司法公开的推进具有开创性意义。在最高人民法院关于适用《民事诉讼法》的解释的第二百五十四条和二百五十五条中，最高人民法院细化了公众查阅法院卷宗的内容。司法解释首先明确了申请的法院，即作出生效法律效力判决书、裁定书的人民法院。申请的形式只能是书面申请，不允许以口头的方式申请；在申请书的格式要求方面，要求申请人提供具体的案号或者当事人姓名、名称。根据生效的裁判文书是否已经通过网络向社会公开，司法解释作出了区别处理，如果判决书、裁定书已经通过信息网络向社会公开的，人民法院应当引导申请人自行查阅；判决书、裁定书未通过

信息网络向社会公开，且申请符合要求的，应当及时提供便捷的查阅服务；对于判决书、裁定书尚未发生法律效力或者已失去法律效力的，明确规定不提供查阅并告知申请人；如果发生法律效力的判决书、裁定书不是本院作出的，应当告知申请人向作出生效裁判的人民法院申请查阅；申请查阅的内容涉及国家秘密、商业秘密、个人隐私的，不予准许并告知申请人。司法解释并未像民事诉讼法那样使用"公众"的字眼，但从民事诉讼法与民事诉讼法司法解释的关系及司法解释第二百五十四、二百五十五条规定的内容看，这里的查阅主体指的就是一般社会公众。

《行政诉讼法》在第六十五条规定，人民法院应当公开发生法律效力的判决书、裁定书，供公众查阅，但涉及国家秘密、商业秘密和个人隐私的内容除外。该条规定也出现了"公众"，这是公众对法院行政诉讼卷宗进行查阅的直接法律规定。但与民事诉讼法的规定相比，二者的规定各有侧重，民事诉讼法是公众"可以"查阅，行政诉讼法的规定则是人民法院"应当公开"，前者侧重于公众权利的一面，后者侧重于法院义务的一面。客观地讲，行政诉讼法的规定在推动我国公众查阅法院的行政诉讼卷宗上面尽管具有极大的进步意义，但相对于民事诉讼法的规定，迈的步子还是小了点。因为，其规定生效的判决书、裁定书供公众查阅，只是法院"应当"公开生效裁判文书的附带结果，并没有直接赋予公众"可以"查阅法院记录的权利。如果法院对行政诉讼的卷宗进行"选择性公开"甚至不公开，不履行自己应当公开义务的话，公众事实上是很难查阅法院已生效的行政诉讼裁判文书。在最高人民法院关于适用《行政诉讼法》的解释中，关于人民法院应该公开生效的裁判文书供公众查阅甚至是只字未提。

除了法律的规定，我国最高人民法院的司法文件对法院档案也做出了相关规定。主要的司法文件有2012年的《人民法院档案工作规定》（法发〔2012〕11号）、2013年的《人民法院诉讼档案管理办法》（法发〔2013〕283号）等。依照这些司法文件，人民法院档案是指在审判工作和其他工作中形成的对国家、社会和本机关具有保存价值的文字、图表、声像等不同形式的历史记录。包括诉讼档案、文书档案、会计档案、基建档案，以及声像档案、电子档案等。在《人民法院档案工作规定》第五章"档案开发利用"的第 34 条，规定了借阅、调阅人民法院档案，应当在规定时限内归还。对逾期不还的，人民法院档案机构应当及时催还。但是该条并没有具体规定借阅、调阅的主体。但从《人民法院档案管理办法》第三章"诉讼档案的利用"的规定看，借阅、调阅的主体主要是各级人民法院的工作人员，他们因工作需要可以查阅、借阅本院与其工作相关的诉讼档案。对于法院工作人员之外的查阅主体，据该"管理办法"的第 16 条，案件当事人持身份证或其他有效证明，可以查阅诉讼档案正卷有关的内容；律师持律师证、律师事务所介绍信、当事人授权委托书、当事人的身份证明复印件，可以查阅诉讼档案正卷有关的内容。其他诉讼代理人查阅诉讼档案的要求和律师基本相同。又据该"管理办法"第 17 条，当事人或诉讼代理人可以申请所查阅的诉讼档案材料。这两个司法文件明确规定了查阅法院记录的主体为法院工作人员和当事人及其代理人（辩护人）。即便是当事人及其代理人，也只能查阅诉讼档案的正卷，副卷概不允许查阅。

从现行的法律、司法解释和司法文件的规定来看，司法文件直接将公众排除在了查阅法院卷宗的主体之外。依照现行法律规定，公众可以查阅法院卷宗的范围也是比较有限的，只能是生效的民事、行政判决书和裁定书。生效的刑事诉讼卷宗的判决书、裁定书能否查阅，法律没有明确的规定，事实上其取决于法院是否公开，如果法院没有在相关的司法公开平台上公开，即使生效的刑事裁判文书不涉及国家秘密、个人隐私等，公众也是无权进行查阅的。即使法院公开了，公众通过信息平台可以查阅的刑事卷宗也只是生效的判决书和裁定书。我们知道，生效的民事、行政裁判文书或者是法院公开的刑事裁判文书，它们只是法院卷宗中的部分内容，展现的只是司法过程的某些片段或最终结果，完整的司法过程以及结果是如何形成的，公众仅仅通过查阅判决书、裁定书是无法知其全貌的。

三、实践中的公众查阅法院卷宗

除了上述规范性的法律文件和司法文件的制度表达外，下面我们将考察一下实务中的做法。实践往往走在规定的前面，也许司法改革中的某些做法在推动我国公众查阅法院卷宗方面做出了令人兴奋的尝试。目前我国正在进行轰轰烈烈的司法改革，全国各地的法院探索出了许多"法外"司法公开的举措，但这些创新的举措中却几乎没有公众查阅法院卷宗方面的内容。考察的结果有点令人失望，甚至有些垂头丧气。例如，上海法院率先开通"社会公众查阅电子诉讼档案"服务平台。① 按照上海法院的介绍，它是一个致力于为社会公众提供全方位档案查阅服务的综合性服务平台，既提供案件查阅服务，又提供交互式的档案咨询服务，并具有法院档案工作动态发布、法院档案全宗介绍等功能。在法院设立的电子阅卷室，当事人及诉讼代理人无需预约就能直接查阅 2003 年以来的民事、商事案件电子诉讼档案材料。上海法院的服务平台名义上是"社会公众"查阅电子诉讼档案平台，实际上却明确将可以查阅的主体限定于"当事人及诉讼代理人"。北京市从 2014 年 8 月 14 日起，大兴区人民法院、密云县人民法院等 5 家法院推行网上查阅诉讼档案服务。2005 年至 2014 年的电子诉讼档案可以查阅，电子诉讼档案的查阅主要面向当事人和代理人开放。② 北京电子诉讼服务平台的网站为 https：//sspt.bjcourt.gov.cn/。对公众可否查阅诉讼电子诉讼档案问题，北京法院的规定则语焉不详。广州市中级人民法院在《电子诉讼文件网络服务平台使用指南》中将可供查阅的电子诉讼文件界定为当事人、诉讼代理人、公诉机关等在广州市中级人民法院立案至结案期间提交的诉讼材料和在办案过程中形成的法律文书，以及立卷归档的诉讼档案经数字化处理的文件，具体包括"上诉状""答辩状""庭审笔录""原审判决书、裁定书""判决书、裁定书"。查阅的主体限定在当事人、诉讼代理人、公诉机关。③ 据报道，2018 年 1 月 1 日起，湖南高院电子诉讼档案正式面向社会公众开放，提供电子诉讼档案

---

① 参见邹伟农：《上海法院"社会公众远程查阅电子诉讼档案"服务平台开通》，载《中国档案》2010 年第 5 期。
② 参见郭京霞，孙志远：《北京推行网上查阅诉讼档案服务》，载《人民法院报》2014 年 8 月 15 日。
③ 参见 http：//www.gzcourt.gov.cn/12368/ck91/.

的网上查阅。① 目前，凡符合查阅条件的人员，可到湖南高院电子诉讼档案阅览室实现一站式查阅。以前查阅纸质诉讼档案，要经书面申请、档案管理部门审核、报请领导审批、档案室查阅等多道程序，现在，档案人员在审核查阅人员符合查阅档案的条件下，查阅人员只需提供身份证，无需一纸一笔，无需层层审批，就可以在电子诉讼档案阅览室完成电子诉讼档案的网上查阅。但查阅人还只是限于当事人、诉讼代理人或辩护人，他们之外的"公众"根本无权查阅。

值得一提的是，在探索公众查阅法院档案方面，广东高院走在了前面。为贯彻《广东省高级人民法院关于在全省法院进一步推进司法公开的意见》的要求，保障当事人、社会公众、新闻媒体以及有关单位的知情权、参与权、表达权和监督权，广东高院制定了《广东高院关于推进诉讼档案公开的实施办法》（粤高法〔2011〕322号）。② 依照该办法，本院已经办结并立卷归档的各类案件的诉讼（含执行）档案可以对外公开，允许查阅；复制、摘抄卷宗材料仅限于案件当事人或者利害关系人。在查阅的主体上，除了案件当事人，社会公众、新闻媒体以及有关单位均可查阅法院档案。当事人之外的其他主体就类似于我们上文所讲的公众。但公众查阅法院档案时必须通过法院的窗口提交书面的申请，而且仅限于查阅，不能复制、摘抄卷宗材料。申请书的内容包括申请者的信息如姓名、性别、年龄、单位、住址等；诉讼档案的案号；查阅的目的等。档案管理办公室应当在接到申请之日起五日内进行审查处理，并通过书面、电话、手机短信、电子邮件或者其他即时通信等方式及时答复申请人。

在广东的规定中，还有诉讼档案公开的例外情形。广东高院的实施办法规定，如果诉讼档案涉及国家秘密、审判秘密、当事人商业秘密、未成年人犯罪、个人隐私、以调解方式结案等之一情形的，不对外公开。除了与三大诉讼法中应当不公开的国家秘密、个人隐私的相同情形外，广东法院将审判

---

① 参见周凌如：《湖南高院电子诉讼档案正式开放》，https://hn.rednet.cn/c/2018/01/03/4520034.htm。

② 参见 http://www.law51.net/law8/guangdong/gd01/49.htm。

秘密、商业秘密、个人隐私、调解案件、未成年人犯罪等列入了不公开的范围，试图平衡公众的司法知情权与个人隐私之间的关系。

另外，2013年江苏省苏州市吴江区法院在建立案卷档案信息公开查询制度中，将查阅法院卷宗的主体拓展到了社会公众。根据相关报道，查询范围为吴江法院已审结、执行完毕的民商事案件和经济犯罪案件。申请案卷档案信息查询的，申请人需向法院递交载明明确查询对象名称、内容、目的、用途的申请书，并提供有效的身份证明。除涉及国家秘密、商业秘密、个人隐私等依法不能公开的信息外，法院将免费提供查询结果。公民和组织的涉诉情况、案件的裁判结果及履行情况，是其信用的一个重要组成部分。法院将案卷档案信息查询的范围扩大到除执法机关和律师以外的社会公众，有助于查询人了解相对方的信用情况，在从事民事行为时理性地作出选择，从而促进整个社会的诚信建设。① 但遗憾的是，吴江法院的探索似乎已经搁置，2013年后再无相关的报道和资讯。吴江法院作为地方法院在公众查阅法院卷宗方面进行开创性的勇敢尝试，值得肯定，可惜只是昙花一现。

可见，尽管各地的法院建立信息平台，名义上是方便"公众"查阅法院的记录，但从实际运作的情况看，各级法院进行的公众查阅法院卷宗的做法是名实不副的。它们多数是打着社会公众查阅的旗号，实际上还是将查阅的主体限定在传统的当事人及其代理人或辩护律师这个范围内。考虑到公众依照民事诉讼法和行政诉讼法的规定，本来就可以通过司法信息公开平台对生效的判决书、裁定书进行查阅，可以说实践中法院的种种"创新"，在推动公众查阅法院卷宗上的实际功效不大。

从上文的论述来看，我们似乎对我国实践中法院进行公众查阅法院卷宗改革成效颇为失望。但不可否认的是，伴随着我国民事诉讼法、行政诉讼法的规定，尤其是司法信息公开平台的建设，公众在查阅法院卷宗方面仍取得了极大的成绩。借助于中国裁判文书网、庭审公开网等，民众可以查阅其他公民、法人等主体的涉案信息、执行失信状况，了解案件的裁判情况，并发

---

① 参见张羽馨,庾向荣:《江苏苏州吴江法院建立案卷档案公开查询制度》,载 https://www.court.gov.cn/zixun-xiangqing-11996.html,2023年8月2日登录。

挥了极大的正向功能。司法信息的公开，为裁判者的裁判提供了参照和模板，有利于"同案同判"、法制统一，提升了法官的职业水平。另一方面，为民众提供了高效便捷的查阅检索平台，实现了对司法的监督，对司法公正的实现形成了倒逼，也为社会成员提供了明确和具体的行为指引，发挥了法的教育、引导、预测功能。

如果对我国公众查阅法院卷宗的表达和实践做个阶段性的小结的话，我们可以做出一个初步的判断：我国的公众查阅法院卷宗才刚刚起步，而且是极为谨慎的一小步。之所以如此，要么是我们提出的论题较为超前，我国允许公众查阅法院卷宗的时机还不成熟；要么是我们囿于固有的认知和成见，过于慎重，恐怕允许公众查阅法院卷宗后会冲击现行的司法，出现难以应对的结果。依照现行的规定，我国的公众查阅法院卷宗其实就是"螺丝壳中做道场"。查阅的卷宗内容限定在生效的民事行政判决、裁定。可以说，范围是极其狭窄的，像立案决定书、上诉状、答辩状、抗诉状、合议庭的少数意见、庭审记录、庭审录像等其他种类繁多的法院记录大量地被排除在可以查阅的范围之外。此外，我国还有一个极具特色的审判秘密和法院副卷制度的存在，即使扩大公众对现在法院正卷卷宗的查阅范围，其效果也不令人乐观。

四、审判秘密制度与公众查阅法院卷宗

我国的审判秘密制度和法院副卷制度，是探讨司法公开和公众查阅法院卷宗绕不开的问题。严格地讲，其也属于法院卷宗查阅表达与实践的内容，但鉴于其重要性，我们下文将进行较为详细的分析。

审判秘密本来是特定历史条件下形成的产物，它在本质上是工作秘密。诉讼中难免会遇到涉及个人隐私、商业秘密和国家利益的情形，为了保护这些利益，宪法、三大诉讼法均有规定，尤其是国家秘密部分，《中华人民共和国保守国家秘密法》另有详细的规定。但是以司法文件方式规定的严守审判秘密的规定，却导致审判秘密无限扩张的趋势。事实上造成法院不愿意公开的信息几乎都变成了审判秘密。这种做法严重侵犯了当事人及公众的司法知情权、参与权、表达权和监督权，强化了司法裁判中的请示、汇报，损害审判权独立

行使的原则，也容易滋生司法不公、司法腐败，最终危害司法的权威和公信力，与宪法等法律规定的精神也是相背的。之所以其能够近乎无限扩张，其实是有制度性支持的。审判权的独立行使，而不是审判人员的独立行使为干预案件留下来空间，区分正卷和副卷的做法为这些审判秘密提供了"合法"的容身之处。必须要正视这种现象，使审判秘密纯化，属于国家秘密的纳入《保密法》的调整，不属于国家秘密的工作秘密也应规定解密条件和解密期。要么废除副卷制度，要么公开副卷的内容，形成倒逼机制，压缩审判秘密的空间。

我国理论界对审判秘密的研究比较薄弱。笔者在中国知网以主题词"审判秘密"进行检索，包括期刊、硕博论文、报纸、会议论文等所有学术资料库，仅仅获取27篇，剔除与审判秘密无关的文献后，研究审判秘密的文献仅剩下10篇左右，最早的文献是1994年，最近的是2017年，在长达30余年的时间里，才有如此少量的研究文献，不免令人感叹。审判秘密俨然成了法学研究中一个不可言说的"禁区"。某些议题在学术界少人问津，其原因一般有二：其一，研究内容过于艰深，学者们知难而退；其二，该研究议题没有研究的理论和现实价值，研究价值不大。对于审判秘密的研究而言，这两种假定恐怕都难成立。审判秘密并非艰深晦涩的话题，现实中也能见到"审判秘密"的身影。审判秘密被泄露的消息时常见诸报端[1]，司法机关也三令五申要求司法人员遵守审判纪律，保守审判秘密。[2] 无论从我国司法体制、政法体制改革的大背景看，还是在司法公开向纵深推进的各种举措中，审判秘密都是无法回避的问题。其实，正如"秘密"与"公开"一样，审判秘密与审判公开是对应的概念。通常情况下，司法"公开"的范围越大，司法"秘密"的空间就越小。近年来，随着我国司法改革的推进，尤其是司法公开机制和举措的创新，研究司法公开与审判秘密关系的文献开始增多，但现有对审判秘密的研究也

---

[1] 澎湃新闻2015年5月25日报道：《谁泄露了审判秘密：被建行当庭引述，陕西高院调查近两月无果》；正义网2016年10月18日报道：《起底奚晓明：泄露审判工作秘密被称"司法界之耻"》等。

[2] 最高人民法院《关于保守审判工作秘密的规定》，最高人民法院、司法部《关于规范法官和律师关系维护司法公正的若干规定》，以及《人民法院工作中国家秘密及其秘密具体范围的规定》《关于"五个严禁"的规定》《关于违反"五个严禁"规定的处理办法》《关于进一步深化司法公开的意见》（法发〔2018〕20号）等司法文件中，均就司法人员保守审判秘密方面进行了规定。

多是研究司法公开中的附带品,正面研究审判秘密的文献却相对较少。现有的研究普遍认为,司法公开应当保守审判秘密,甚至认为司法公开的新要求对审判秘密的保守构成了现实的挑战,表达了某种担忧。还有的研究从屈就审判秘密现实存在的角度对审判秘密的相关制度进行某些枝节性的技术修补。这些探讨无疑都是很有价值的,但研究有待深入。我们不仅要探究审判秘密的文本表达,也要研究其现实运作,更要对其前景及命运提出建设性的意见。我们认为,对审判秘密的研究应当从审判秘密出发,但不能囿于审判秘密本身,需要我们运用更宽阔的视角对审判秘密这个"小问题"进行研判,方能得出较为公允与切实的结论。因为它与司法公开、法院卷宗制度、审判组织、政法体制等改革等紧密相联。

(一) 我国审判秘密制度的文本表达

之所以说审判秘密的文本表达,而不是法律表达,是因为我国关于审判秘密的规定多数以司法文件的方式出现,规范性法律文件中关于审判秘密的规定往往是一笔带过。最早关于审判秘密的规定是1989年最高人民法院、国家保密局曾共同发布的《人民法院工作中国家秘密及其密级具体范围的规定》,该文明确规定:人民法院的审判委员会、合议庭讨论案件的具体情况和记录,以及其他虽不属于国家秘密,但一旦公开会造成不良影响和后果的事项,应当按照审判工作秘密进行保守,不得擅自公开扩散。1990年9月5日的最高人民法院《关于保守审判工作秘密的规定》第一条规定,法院工作人员任何人不得向亲友、熟人以及工作上无关人员泄露审判工作秘密,不得在公共场所谈论案件的处理情况。该文件的第三条明确规定,上下级法院之间对案件处理的各种不同意见以及有关单位领导、党委的意见,一律不得向工作上的无关人员和单位透露,尤其不得向缠诉不休的当事人泄露。如果法院工作人员违反规定,造成泄密、失密者,应视不同情况,依照有关规定,给予党纪、政纪处分,情节严重的,依法追究刑事责任。2004年3月19日最高人民法院、司法部《关于规范法官和律师关系维护司法公正的若干规定》第五条规定:"法官应当严格执行公开审判制度,依法告知当事人及其委托的律师本案审判的相关情况,但是不得泄露审判秘密。" 2009年最高人民法院

《关于"五个严禁"的规定》第五条规定了"严禁泄露审判工作秘密"。同年的《关于违反"五个严禁"规定的处理办法》第六条中对其含义进行了进一步明确。"五个严禁"规定所称"泄露审判工作秘密",是指违反规定泄露合议庭或者审判委员会讨论案件的具体情况及其他审判、执行工作秘密的行为。2018年11月20日最高人民法院《关于进一步深化司法公开的意见》(法发〔2018〕20号)对保护审判秘密进行了重申。"严格落实司法公开保密审查机制。建立健全司法公开保密审查机制。承办司法公开事项时应当同步进行保密审查,加强对国家秘密、审判秘密、商业秘密、公民隐私权和个人信息安全的保护,实现依法公开与保守秘密的有机统一。"

除了上述国家司法文件上的规定,在法律层面,1995年、2001年、2017年的《法官法》在其第七条第六款规定了"保守国家秘密和审判工作秘密"。2019年最新的《法官法》在其第十条第五款保留了"保守国家秘密和审判工作秘密"的规定,只是增设了"对履行职责中知悉的商业秘密和个人隐私予以保密"的内容。2004年《全国人民代表大会常务委员会关于完善人民陪审员制度的决定》(已失效)第十三条对人民陪审员保守审判秘密进行了规定:"人民陪审员参加审判活动,应当遵守法官履行职责的规定,保守审判秘密,注重司法礼仪,维护司法形象"。2018年4月27日的《人民陪审员法》第三条:"人民陪审员应当忠实履行审判职责,保守审判秘密,注重司法礼仪,维护司法形象"。

在最高人民法院司法文件指导下,地方法院纷纷出台审判秘密的实施细则。如河南省高级人民法院在2003年颁布了《保守审判秘密细则》。该《细则》罕见地对审判秘密的范围进行了细化和规定,使我们能一窥"审判秘密"的神秘面目。其包括以下内容:(1)具有秘密级以上密级的审判工作内部重要部署、计划、总结和报告;(2)判处和执行死刑案犯的统计数字;(3)对死刑案犯执行死刑的具体时间及方案;(4)审判委员会、合议庭讨论案件的情况和记录;(5)审理有重大影响案件的内部布置、方案及尚在研究的意见、请示、报告;(6)可能导致被告人逃跑、报复、串供、毁证、匿赃等妨害审判活动正常进行的有关事项及材料;(7)不公开审理的案件中涉及国家秘密和商业秘密及个人隐私、未成年人犯罪的具体情况。

表3　审判秘密制度的相关规定

生效日期	相关规定	具体内容
1989年	最高人民法院、国家保密局《人民法院工作中国家秘密及其密级具体范围的规定》	
1990年9月5日	最高人民法院《关于保守审判工作秘密的规定》	一、任何人不得向亲友、熟人以及工作上无关人员泄露审判工作秘密，不得在公共场所谈论案件的处理情况。 二、案件宣判之前，任何人不得向当事人或其亲属、辩护人、诉讼代理人以及工作上无关人员泄露案件的处理意见。 三、合议庭、审判委员会对具体案件处理的讨论情况，上下级法院之间对案件处理的各种不同意见以及有关单位领导、党委的意见，一律不得向工作上无关人员和单位透露，尤其不得向缠诉不休的当事人泄露。 四、案件的经办人员必须妥善保管案件材料，下班前对案件材料要认真检查、清点，并妥善放置、收藏；须携带案卷出差者，必须确保案卷安全，严禁携带案卷材料游览、参观、探亲访友和出入与办案无关的场所，以防案件材料丢失和被窃。 五、非因办案需要，任何人不得擅自复制案件材料。 六、案件材料的归类、装订、立卷必须内外有别，按规定立正、副卷。案件的请示、批复，领导的批示，有关单位的意见，合议庭评议案件的记录，审判委员会讨论案件的记录，案情报告以及向有关法院、有关单位征询对案件的处理意见等书面材料，必须装订在副卷内。副卷的材料非因工作需要，又未经本院领导批准，任何单位和个人不得查阅。 七、接待辩护人、诉讼代理人阅卷，必须首先查明其身份；然后严格按照辩护人、诉讼代理人阅卷的有关规定办理，并指定阅卷人在法院内适当的场所查阅。 以上规定，法院工作人员必须严格执行；如违反本规定，造成泄密、失密者，应视不同情况，依照有关规定，给予党纪、政纪处分，情节严重的，依法追究刑事责任。
2004年3月19日	最高人民法院、司法部《关于规范法官和律师关系维护司法公正的若干规定》	**第五条**　法官应当严格执行公开审判制度，依法告知当事人及其委托的律师本案审判的相关情况，但是不得泄露审判秘密。

(续表)

生效日期	相关规定	具体内容
2009年1月8日	最高人民法院《关于"五个严禁"的规定》	**第五条** 严禁泄露审判工作秘密。
2010年2月25日	最高人民法院《关于违反"五个严禁"规定的处理办法》	**第六条** "五个严禁"规定所称"泄露审判工作秘密",是指违反规定泄露合议庭或者审判委员会讨论案件的具体情况及其他审判、执行工作秘密的行为。
2018年11月20日	最高人民法院《关于进一步深化司法公开的意见》	17. 严格落实司法公开保密审查机制。建立健全司法公开保密审查机制。承办司法公开事项时应当同步进行保密审查,加强对国家秘密、审判秘密、商业秘密、公民隐私权和个人信息安全的保护,实现依法公开与保守秘密的有机统一。属于司法公开内容范围的,严格按照人民法院工作国家秘密范围或已定密事项开展定密工作,不得随意扩大定密范围。
2019年10月1日	《法官法》	**第十条第五款** 保守国家秘密和审判工作秘密,对履行职责中知悉的商业秘密和个人隐私予以保密。
2004年8月28日	《全国人民代表大会常务委员会关于完善人民陪审员制度的决定》(已失效)	**第十三条** 人民陪审员参加审判活动,应当遵守法官履行职责的规定,保守审判秘密,注重司法礼仪,维护司法形象。
2018年4月27日	《人民陪审员法》	**第三条** 人民陪审员应当忠实履行审判职责,保守审判秘密,注重司法礼仪,维护司法形象。

梳理这些规定,我们大致可以勾勒出我国审判秘密制度的轮廓。

第一,审判秘密从性质看,属于工作秘密。审判秘密是法院在审判工作中形成的只限一定范围的人员知悉的事项,审判秘密不属于国家秘密。对于国家秘密的范围、密级等有专门的《保密法》加以规定。人民法院在具体案件的审理中也会涉及国家秘密,往往属于法定不公开审判或不允许公众查阅的事项。我国的三大诉讼法均有相关的规定,如《民事诉讼法》第六十八条规定了当事人在出证、质证中,对涉及国家秘密的证据应当保密,需要在法庭出示的,不得在公开开庭时出示。这里讲的"国家秘密"显然指的是《保密法》上的"国家秘密",按照《保密法》的规定确定是否是国家秘密及密级。2018年最高人民法院《关于进一步深化司法公开的意见》(法发〔2018〕20号)也将国家秘密、审判秘密、商业秘密、公民隐私权和个人信息安全并列,从司法文件的规定看,我国也认为"审判秘密"是不同于国家秘密的一种秘密。因此,从秘密的性质看,所谓的审判秘密就是工作秘密,即法院在工作中形成的不为外人所知的秘密。我国法律法规中出现"工作秘密"一词,最早是在1993年8月14日国务院颁布的《国家公务员暂行条例》,该条例规定公务员应当保守国家秘密和工作秘密。此后,还有一些法律法规陆续规定了国家机关工作人员保守工作秘密,不能将政府机关拥有的工作秘密向外公开,比如《检察官法》规定了检察官应当履行"保守国家秘密和检察工作秘密"的义务,《法官法》第十条规定法官应当履行"保守国家秘密和审判工作秘密"的义务。学界将工作秘密界定为除国家秘密、商业秘密外的机关、单位在公务活动中产生的内部信息。① 有学者认为,这些内部信息也是敏感信息。② 还有人将其界定为在工作过程中产生的尚未确定的信息,这些工作秘密具体又可分为管理信息、过程信息和裁判信息等。③ "工作秘密首先不同于商业秘密、个人隐私等私法上的秘密,属于公法秩序上的秘密;其次,工作秘密也不同于国家秘密,尚没有达到保密法规定的国家安全和利益的层级。"④ 审判秘密作为工作秘密同样适用,它尚未达到《保密法》规定的国家和利益的层级。

需要探讨的是,审判秘密尽管从性质看是工作秘密,恐怕它与其他的工作秘密还有所不同,如政府部门的工作秘密,其"秘密"的程度似更小一点。现代社会中,法院的审判工作是以公开审判为原则的,除了法定的国家秘密、商业秘密、个人隐私外,所谓秘密的空间已经很小了。而且,司法是社会公正的最后一道防线,各种信息经过层层披露,秘密的浓度降低了许多,不能等同于一般的工作秘密。

第二,审判秘密的范围。对于"国家秘密"的范围,《保密法》是有明确

---

① 参见宋超:《公开与保密:政府信息公开立法的焦点》,载《安徽大学学报》2005年第1期。
② 参见孙宝云:《尽快将"敏感信息"从国家秘密中分离出来》,载《兰台世界》2015年第8期。
③ 参见李祥波:《限制工作秘密范围保障公民知情权》,载《北京电子科技学院学报》2016年第3期。
④ 刘金波:《严格界定司法秘密 积极推进司法公开》,载《人民司法》2014年第15期。

规定的，依据第九条的规定：国家事务重大决策中的秘密事项；国防建设和武装力量活动中的秘密事项；外交和外事活动中的秘密事项以及对外承担保密义务的秘密事项；国民经济和社会发展中的秘密事项；科学技术中的秘密事项；维护国家安全活动和追查刑事犯罪中的秘密事项等，均属于国家秘密的范围。反观我国审判秘密的相关规定，对审判秘密范围的规定要么是语焉不详，要么极具概括性。1990最高人民法院《关于保守审判工作秘密的规定》第三条规定，"合议庭、审判委员会对具体案件处理的讨论情况，上下级法院之间对案件处理的各种不同意见以及有关单位领导、党委的意见，一律不得向工作上无关人员和单位透露，尤其不得向缠诉不休的当事人泄露"。该司法文件将"合议庭、审判委员会对具体案件处理的讨论情况""上下级法院之间对案件处理的各种不同意见""有关单位领导、党委对案件处理的意见"三方面的信息作为审判秘密。将"审判委员会、合议庭讨论案件的具体情况和记录"等纳入"审判工作秘密"的相关规定，层级最高的是《法官法》。但该法第七条第六款仅笼统地规定"法官应当履行保守国家秘密和审判工作秘密的义务"，并未规定何为"审判工作秘密"。最高人民法院、国家保密局共同发布的《人民法院工作中国家秘密及其密级具体范围的规定》，以及最高人民法院自行颁布的《关于保守审判工作秘密的规定》《关于违反"五个严禁"规定的处理办法》等文件将"合议庭、审判委员会对具体案件处理的讨论情况"归为审判秘密进行了重申。事实上，实践中作为审判秘密的事项范围还是比较广的。如河南省高级人民法院2003年的《保守审判秘密细则》就罕见地对审判秘密的范围进行了细化和规定，使我们能一窥"审判秘密"的神秘面目。除了它将"合议庭、审判委员会对具体案件处理的讨论情况"作为审判秘密外，还将"具有秘密级以上密级的审判工作内部重要部署、计划、总结和报告""判处和执行死刑案犯的统计数字""对死刑案犯执行死刑的具体时间及方案""审理有重大影响案件的内部布置、方案及尚在研究的意见、请示、报告""可能导致被告人逃跑、报复、串供、毁证、匿赃等妨害审判活动正常进行的有关事项及材料""不公开审理的案件中涉及国家秘密和商业秘密及个人隐私、未成年人犯罪的具体情况"也作为审判秘密。将密级以上的审判工作内部重要部署、计划、总结和报告也列入国家秘密调整的事项，在这里该法院的司法文件混淆了国家秘密与审判秘密；而最后一项属于三大诉讼法的明确规定，是法定排除公开的事项，自然也不属于审判秘密的事项。总之，实践中，处理合议庭审委会意见、党委及领导意见，法院认为不属于国家秘密的"敏感的""不便为外人知"的工作秘密都可归入审判秘密的事项范围。

第三，审判秘密的密级。《保密法》将国家秘密的密级分为三个级别：绝密、机密和秘密。无论从最高人民法院的司法文件，还是法官法的规定，均无对审判秘密的密级做出规定。可以说，尽管审判秘密存在不同的秘密程度，但只能由法院自己把握了。与此问题有关是缺乏保密期限的规定。《保密法》对国家秘密设定了不超过30年、20年和10年的解密时限。有些不能确定解密期限的，要求必须确定解密的条件。根据我国《人民法院档案管理办法》第四章"诉讼档案的鉴定、销毁与移交"（第二十一条），其中有永久、60年和20年的规定，但它只是诉讼档案的保管期限，不属于审判秘密的解密时限。我国的审判秘密制度自然也不存在遵守定密权限的规定了。依照《保密法》的规定，中央国家机关、省级机关及其授权的机关、单位可以确定绝密级、机密级和秘密级国家秘密；设区的市、自治州一级的机关及其授权的机关、单位可以确定机密级和秘密级国家秘密。具体的定密权限、授权范围由国家保密行政管理部门规定。我国的法院上到最高人民法院、省高级人民法院，下到基层的县区人民法院均有保守审判秘密的要求，但因为缺乏审判秘密密级的规定，相应也不存在密级确定的权限划分问题。有关审判秘密的相关规定中，对解密期限、解密条件等方面的规定也付之阙如。

第四，规制主体及责任。审判秘密规制的主体是以法官为代表的"法院工作人员"，这是很明确的。这里的"法院工作人员"既包括在法院工作的人员，也包括依照《人民陪审法》参与案件审理的人民陪审员。我国现行的审判秘密制度并无明确的规定将保守审判秘密的义务赋予当事人及其代理人。尽管有关于当事人委托的律师和其他辩护人、代理人查阅诉讼案卷，必须按有关规定办理批准手续，并在指定场所阅看案卷正卷等相关规定，但保守审判秘密还是对法院工作人员的要求。因此，在责任的规定上人民法院工作人员凡违反上述规定，依纪依法应追究纪律责任直至刑事责任，从事审判、执行工作的，一律调离审判、执行岗位。

总之，我国的审判秘密从性质上看是工作秘密，不属于国家秘密，从秘密的级别看是低于国家秘密的。但是我国的审判秘密却没有像《保守国家秘密法》对密级作出诸如绝密、机密、秘密这样的规定。保密时限的规定也付之阙如。保密的事项是"合议庭、审判委员会对具体案件处理的讨论情况""上下级法院之间对案件处理的各种不同意见""有关单位领导、党委对案件处理的意见"等，法院认为不属于国家秘密的"敏感的""不便为外人知"的工作秘密都可归入审判秘密的事项范围。根据我国现行关于审判秘密的规定，作为不宜公开的工作秘密，审判秘密看似相较于国家秘密属于更低层级的保护范围，但因为规定的原则模糊，以及缺乏保密时限、事项、密级等必要性的内容，导致本应作为工作秘密低于国家秘密的审判秘密实际上比国家秘密还"秘密"，成为真正的"秘密之王"。正如有学者所言，在我国，工作秘密可以说遍布各个领域，这些文件的位阶低，却最"有效"。[①] 其他学者也对我国审判秘密制度造成的不良后果进行了分析，他认为，因为工作秘密范围的不确定性和公开审判信息法规、规章的不完整性，造成了长期以来人们思想观念的混乱，公开审判信息与保守审判工作秘密的界限不清，造成了大部分本可全面公开的案件审理信息和法院工作公务信息，因保密顾虑而不想公开、不愿公开或不敢公开，使一些有利于法院审判工作开展、有利于案件公正裁判、有利于司法人权和民主监督的信息资源没有充分得到利用，在某种程度上使得法院工作，特别是案件审判工作成了"暗箱操作"。还有就是乱定密、高定密，将本不是国家秘密的工作事项确定为国家秘密，将本不属于国家秘密密级的工作事项确定为国家秘密密级，或者虽然没有将工作事项确定为国家秘密，但是在实际管理工作中与国家秘密事项视同管理，导致国家秘密与工作秘密不分，公开信息与工作秘密不分，管不了也管不好的问题同时并存，

[①] 参见梁艺：《工作秘密不予公开的合法性反思——从杨婷婷高考试卷"调包"案切入》，载《时代法学》2015年第2期。

使失、泄密事件时有发生。①

（二）审判秘密的载体：法院副卷

审判秘密藏身何处？它藏身于副卷之中。可以说，不为当事人及代理人、公众所知的审判秘密需要副卷制度，副卷的存在又在强化审判秘密制度，二者是相互依存的共生关系。我国法院副卷制度的存废直接影响着司法公开的成效，也直接关系着司法公开中的公众查阅法院卷宗的内容。

1. 我国法院副卷制度的沿革

像上文我们提到的"合议庭、审判委员会对具体案件处理的讨论情况"等审判秘密与案件的处理结果有直接关系，甚至起到一锤定音的作用，按照现行关于秘密的规定，当事人及社会公众不允许查阅，法官不能泄露，这些信息存放在何处？与审判秘密制度相伴随的是副卷制度，二者就像孪生姐妹，审判秘密的制度载体就是法院副卷。我国法院在审判实践中对诉讼档案归档时形成了正卷和副卷的格局。

我国法院审判实践中另立副卷的规则最早见于1957年最高人民法院、司法部《关于律师参加诉讼中两个具体问题的批复》〔（57）法行字第5620号、（57）司公字第446号，1957年3月19日〕（2002年废止）②。该批复第1条指出，辩护律师有权查阅全部案卷材料，但评议记录应另订卷，不属于诉讼过程中的材料另立副卷，且律师不得阅览。其后，在最高人民法院及国家档案局1984年联合制定的《人民法院诉讼文书立卷归档办法》中，一个案件的材料可以分立为正卷与副卷，各地区高院可以根据本省区实际自行决定。

---

① 参见扈君：《论公开审判与保守审判工作秘密的界限及关系》，载《河北大学学报》（哲学社会科学版），2004年第1期。

② 另，司法部1956年12月4日所发《关于律师参加诉讼中几个具体问题的通知》因与最高人民法院1956年10月所发《各级人民法院刑、民事案件审判程序总结》中的有关规定不一致，需要明确，特给天津市高级人民法院、上海市第一中级人民法院答复。关于辩护律师查阅案卷材料问题，《通知》（三）规定，"辩护律师有权查阅全部案卷材料"；但《总结》规定，"评议记录应当保守秘密，当事人及辩护人不能阅览。评议记录可另本装订，附卷。其他虽与案件有关而不属于诉讼过程中的材料（如与他案有关的线索材料等），可另订副卷。评议记录和副卷材料都不予律师阅览。除此以外的全部案卷材料（包括起诉书、答辩书、证据、供词、勘验单、鉴定书等），法院应该无保留地让律师查阅，不得借口保密而不给阅览。

法院副卷的逐渐制度化开始于上世纪90年代。依照最高人民法院的《人民法院诉讼文书立卷归档办法》(1991)、《人民法院执行文书立卷归档办法(试行)》(2006),所谓"副卷"等内容除了卷宗封面、卷内目录、阅卷笔录等形式文件之外,还包括案件承办人的审查报告;承办人与有关部门内部交换意见的材料或笔录;有关本案的内部请示及批复;上级法院及有关单位领导人对案件的批示;合议庭评议案件笔录;审判庭研究、汇报案件记录;审判委员会讨论记录;案情综合报告原、正本;判决书、裁定书原本;审判监督表或发回重审意见书;执行方案;执行局(庭)研究案件记录及会议纪要;法律文书签发件;证物袋;及其他不宜对外公开的材料等。除了我国审判秘密制度规定的审判秘密放在法院的副卷之中外,实践中也有其他材料放在法院的副卷中。有学者通过实证研究的方法考察了某省某基层法院125件民商事、刑事、行政卷宗,副卷的内容包括"合而不议"的合议庭笔录、上级法院领导的"拍板";有关部门"插手";甚至还有无处安放的其他材料如裁判文书草稿、中止审理决定书、延长审限审批表、计算明细、开庭提纲、量刑表、工作记录等。①

2015年最高人民法院在下发《人民法院落实〈司法机关内部人员过问案件的记录和责任追究规定〉的实施办法》(简称《实施办法》)的同时,废止了2011年出台的《关于在审判工作中防止法院内部人员干扰办案的若干规定》,这意味着后者规定的"人民法院领导干部和上级人民法院工作人员提出指导性意见的批示、函文、记录等材料存入案件副卷"的做法也相应被废止,但废止后这类材料如何存档、是否存入正卷尚不明确。《实施办法》规定:"人民法院办案人员应当将人民法院领导干部和上级人民法院工作人员因履行法定职责提出监督、指导意见的批示、函文、记录等资料存入案卷备查",不过这里并没有说明"案卷"的种类,也没有规定是否允许当事人或律师查阅,而且,该条规定仅限于"因履行法定职责"提出的有关资料,对于"非因履行法定职责"提出的资料如何归档,并没有做出规定。总体来看,随着《实

---

① 参见兰雅丽:《褪去神秘:司改浪潮中"副卷"之改革进路——以B省某基层法院125件卷宗为样本》,载《全国法院第27届学术讨论会获奖论文集》,2016年,第89-97页。

施办法》及有关司法机关内部人员干预案件记录和追责制度的出台，以及《关于在审判工作中防止法院内部人员干扰办案的若干规定》的废止，原本一直归入法院副卷的司法机关内部批示、函文、记录等资料今后将可能不再被归入副卷。有学者观察，这意味着我国的法院副卷制度似乎有所松动，但由于涉及的资料范围非常有限，所以副卷制度尚未从根本上动摇。①

表4 我国副卷制度的相关规定

生效日期	文件名称	相关具体规定
1957年3月19日	最高人民法院、司法部《关于律师参加诉讼中两个具体问题的批复》（已废止）	一、关于辩护律师查阅案卷材料问题评议记录可另本装订，附卷。其他虽与案件有关而不属于诉讼过程中的材料，可另订副卷。评议记录和副卷材料都不予律师阅览。除此以外的全部案卷材料（包括起诉书、答辩书、证据、供词、勘验单、鉴定书等），法院应该无保留地让律师查阅，不得借口保密而不给阅览。
1984年1月9日	《人民法院诉讼文书立卷归档办法》	第16条 一个案件的诉讼文书材料是否分立成正卷、副卷，各高级人民法院可以根据本省、市、自治区法院系统实际工作的需要，自行决定。
1990年9月5日	最高人民法院《关于保守审判工作秘密的规定》	第5条 案件材料的归类、装订、立卷必须内外有别，按规定立正、副卷。案件的请示、批复，领导的批示，有关单位的意见，合议庭评议案件的记录，审判委员会讨论案件的记录，案情报告以及向有关法院、有关单位征询对案件的处理意见等书面材料，必须装订在副卷内。副卷的材料非因工作需要，又未经本院领导批准，任何单位和个人不得查阅。
1991年12月24日	《人民法院诉讼文书立卷归档办法》	第4条 人民法院的各类诉讼文书，应按照利于保密、方便利用的原则，分别立为正卷和副卷。 第21条 各类案件副卷诉讼文书材料的排列顺序：（1）卷宗封面；（2）卷内目录；（3）阅卷笔录；（4）案件承办人的审查报告；（5）承办人与有关部门内部交换意见的材料或笔录；（6）有关本案的内部请示及批复；（7）合议庭评议案件笔录；（8）审判庭研究、汇报案件记录；（9）审判委员会讨论记录；（10）案情综合报告原、正本；（11）判决书、裁定书原本；（12）审判监督表或发回重审意见书；（13）其他不宜对外公开的材料；（14）备考表；（15）卷底。

---

① 参见刘仁文：《论我国法院副卷制度的改革》，载《法学评论》2017年第1期。

(续表)

生效日期	文件名称	相关具体规定
2003年8月26日	最高人民法院办公厅关于印发《诉讼档案收集、整理、立卷、归档、借阅的操作程序》的通知	立卷包括分立正卷和副卷、卷宗封面、卷内目录、备考表的填写及装订。凡我院办理的一审、终审、再审、复核审及有实质性改判意见的申诉案都要分立正卷和副卷。对那些不宜公开、需要保密的材料要立在副卷内，副卷一律不对外查阅。
2006年5月18日	《人民法院执行文书立卷归档办法（试行）》	**第14条** 执行卷宗应当按照利于保密、方便利用的原则，分别立正卷和副卷。无不宜公开内容的案件可以不立副卷。 **第20条** 各类执行案件副卷文书材料的排列顺序：1. 卷宗封面；2. 卷内目录；3. 阅卷笔录；4. 执行方案；5. 承办人与有关部门内部交换意见的材料或笔录；6. 有关案件的内部请示与批复；7. 上级法院及有关单位领导人对案件的批示；8. 承办人审查报告；9. 合议庭评议案件笔录；10. 执行局（庭）研究案件记录及会议纪要；11. 审判委员会研究案件记录及会议纪要；12. 法律文书签发件；13. 其他不宜公开的材料；14. 备考表；15. 证物袋；16. 卷底。
2011年2月15日	最高人民法院《关于在审判工中防止法院内部人员干扰办案的若干规定》（已失效）	**第7条** 案件承办人应当将人民法院领导干部和上级人民法院工作人员提出指导性意见的批示、函文、记录等文字材料存入案件副卷备查，并在审判组织评议和讨论案件时作出说明。

2. 法院副卷制度的弊端

近年来，随着一些泄露审判秘密典型案件的披露，神秘的法院副卷制度开始浮出水面，并引起了社会的关注。① 理论和实务界对我国法院副卷制度的检讨也日渐增多。讨论的大背景就是司法公开，随着司法公开理念的深入，

---

① 2005年，一个得了绝症的法院院长将与案件判决结果有关的案卷副本交给了被判五年有期徒刑的被告人周澄。在该案审判中，原本辩方律师、公诉人、审判长、主审法院的院长都持无罪意见，但周澄最终获刑5年。在周澄刑满出狱之后，偶然得到这套案卷副本，这场被法外力量左右他命运的审判实情才浮出水面。参见董伟：《一场被法外力量左右的审判》，载《中国青年报》2005年12月7日。2010年，重庆市涪陵区人民法院一份本应归入副卷的"最牛公函"因着错放入正卷而意外曝光，在该公函中，重庆市涪陵区李渡新区管委会要求法院驳回原告诉讼请求，并警告法院不要一意孤行。参见杨万国：《重庆"史上最牛公函"：法院判决前接到政府警告函》，载《新京报》，2010年6月28日。

我国司法实务中司法公开的不断推进，法院副卷制度显得越发与时代要求格格不入。多数的研究者认为，现行的法院副卷制度存在极大的弊端。

第一，副卷的存在不符合司法公开的要求。正如前文所言，司法公开是司法过程中信息的公开。无论从理论还是实践上，现代的司法公开早已突破了传统审判公开的范围，不仅是指狭义的庭审公开和判决公开。只有尽量地公开司法过程中的信息，才能最大程度实现人民的司法知情权、司法批评监督权，也能促进司法的自律，发挥司法的社会规范功能。[1] 一个案件有且应当只有一个事实或真相，它们通过法院卷宗中的材料予以反映。但我国目前法院的卷宗有正卷和副卷之分，自然二者的材料不一致，否则就没有区分正卷和副卷的必要。这就意味着正卷中的诉讼材料并不是裁判的唯一根据。事实上，的确有一些法律外的、非法治的材料隐藏在副卷之中，它们影响、甚至决定判决结果。"如果影响案件结果的关键环节或实质性内容不能公开，就无法使当事人和社会公众对审判活动做出全面而公允的评价，也难免引发对'审判内幕'的揣测和裁判公正性的质疑。"[2]

第二，违反审判权独立行使的原则。法院独立行使审判权是现代民主法治国家的共识。我国《宪法》第131条也规定，人民法院依照法律规定独立行使审判权，不受行政机关、社会团体和个人的干涉。依照《宪法》第132条和《法院组织法》的规定，最高人民法院监督地方各级人民法院和专门人民法院的审判工作，上级人民法院监督下级人民法院的审判工作。这里尽管出现了"上级"法院和"下级"法院这样的称谓，但法院的上下级的这种级别不是行政上的级别，而是一种审判级别，上下级法院之间是监督与被监督的关系。首先这种监督是单向的上级法院对下级法院的监督。其次这种监督是通过法定的方式进行，如通过二审程序的复审、审判监督权等。它不同于上级检察机关对下级检察机关的领导。因此，依照我国现行法律规定，审判权只能由人民法院独立行使，其他的法院、行政机关、社会团体和个人不得

---

[1] 参见蒋惠岭：《只有公开审判，没有"内部"司法———司法公开制度面临的挑战与改革》，载《民主与法制》2011年第25期。
[2] 刘仁文：《论我国法院副卷制度的改革》，载《法学评论》2017年第1期。

干涉。我国的审判秘密制度却允许"党委、领导意见""上级法院领导的批示""上级法院的批复""有关部门的意见"等影响、决定案件处理结果的信息以副卷的方式存在，实质上就是对审判权独立行使原则的违反和对干涉审判权行使的允许。如此以来，"使社会公众无法对其进行有效监督，从根本上滋生了人情案、权力案和金钱案，也为权力寻租、司法腐败提供了空间"①。随着新时代中国特色社会主义法治建设的推进，司法公开成了社会的共识，越来越多的人意识到法院副卷制度存在的问题，甚至副卷的"受益者"法官也疾呼副卷改革。但副卷制度改革却迟迟没有提上官方的日程，副卷事实上已经成为了法院不能独立行使审判权的布幔。

第三，损害程序公正的原则。程序公正的原则包括平等性、中立性、公开性、参与性等具体内容。其中参与性原则要求诉讼双方当事人都有机会获得法庭的审判，都实际参与法庭的审判过程，而法官应当保证他们获得这样的机会。参与性原则意味着，司法决定的最终结果是在当事人与法院的共同行为下形成的，它提升了法院裁判的可接受度和认同，提升了裁判的公信力。公开性原则要求审判程序中，除法律明确规定不公开审理的以外，都应当公开进行，既要向当事人和其他诉讼参与人公开，又要向社会公开。公开可以消除当事人对司法过程和审判结果的不安定感和不信任感，可以使整个司法

---

① 赵霄洛,盛斌,陈鹤.:《法院"副卷一律不对外公开"缺乏法律基础》,载《中国律师》2011年第4期。最近的刘素琴案给我们提供了一个观察"副卷"的样本,它鲜活地展现了有些地方是如何借助"副卷"干预案件的公正处理和损害司法公正的。年逾六旬的刘素琴是呼和浩特市赛罕区巧报镇东瓦窑村人。2019年6月,刘素琴等人被呼和浩特市公安局赛罕区分局刑事拘留。通辽市奈曼旗人民法院一审判决认定刘素琴、刘素琴之子刘长征等10人涉黑罪名成立,刘素琴因涉黑等9项罪名被判20年有期徒刑并处没收个人全部财产,其余9人分别被判处14年至1年9个月不等的刑期及财产刑。而引起这一巨变的极有可能是"副卷泄密"事件。在"刘素琴涉黑案"二审开庭前,法院工作人员误将本案副卷交给了律师复制。律师发现光盘中包含内蒙古高级人民法院、通辽市中级人民法院、奈曼旗法院的相关负责人对刘素琴案部分内部会议记录的内容。通辽中院法官多次联系律师,表示该会议记录应归于该案"副卷",律师无权获取。2020年11月初,通辽中院和通辽司法局相关负责人,不远千里专程赶往山东淄博、济南、海南海口、广东中山等地与辩护律师面谈,要求他们返还含有上述会议记录的卷宗。该案多位律师认为,会议记录反映了内蒙古、通辽、奈曼旗三级法院法官,明知案件不够涉黑,却最终判决涉黑的内幕,均不同意返还案卷,认为归还案卷没有法律依据。内蒙古高院将案件指定管辖至呼伦贝尔中院。2023年3月20日,呼伦贝尔中院二审改判,去掉了刘素琴的涉黑罪名,同时宣告刘素琴的哥哥刘会员等8人无罪。参见周群峰:《通辽刘素琴案"副卷门"里的"涉黑案"》,载《中国新闻周刊》,2020年第42期。

过程置于当事人和社会公众的监督之下，从而促使法官增强责任感和公正心，确保审判程序和审判结果的公正。然而，现行副卷制度的存在直接违背了程序公正的基本要求。副卷中上级法院的批复、内部函件，甚至审委会的意见等材料不允许当事人查阅和知悉，而它们是真正决定案件结果的实质性因素。结果是，听审者无权作出裁判，而真正的裁判者却没有与当事人共同完成案件的处理，这种"审者不判、判者不审"情况是对程序公开、当事人参与等程序公正原则的直接违反。这种做法，事实上也剥夺了当事人的二审终审权和再审权等具体的诉讼权利，导致了诸如处分原则、辩论原则的空洞化。

3. 法院副卷制度为什么会长期存在？

从1957年的"批复"到现行法中对保守审判秘密的规定，我国的审判秘密、副卷制度绵延至今已经60多年。尽管近年来，学界对副卷制度的弊端进行了全面的认识，但该制度仍未有被废止的迹象。其存在的原因何在？

第一，权力意志的恣意。个别领导的批示、党委的意见等就能扭转案件的结果，而它们却被合法地、堂而皇之地放在了公众、当事人所看不到的副卷中。有学者直言不讳地说，这就是权力意志在作祟。一方面是法官面临权力的不当干预的迎合，心中的天平向着权力意志的方向倾斜，最终导致司法公正的牺牲。[①]它折射出现实情况下审判权独立行使在权力干预下的尴尬写照。另一方面是法官对副卷的恋恋不舍。他们对案件的处理过程中出现的许多信息不愿意公开，将之遁入副卷之中。"法官群体是最不愿意进行副卷公开改革的群体，而且从样本调查结果来看，越是基层的法官越不愿意公开。"[②]浙江高院的课题组调研的还是基层法官对裁判文书上网的认同度，对于可以"法定"不公开的法院副卷的态度就更可想而知了。[③]法官认为像裁判文书上网等司法公开行为会给自己带来巨大的心理压力和额外工作量，实

[①] 参见宋立峰、魏冬云：《独立与公开：司法公正的保障》，载《长白学刊》2003年第2期，第33页。
[②] 浙江省高级人民法院联合课题组：《司法如何沐浴阳光——"阳光司法"在浙江的实践与思考》，载《法治研究》2012年第1期。
[③] 浙江省高级人民法院联合课题组：《司法如何沐浴阳光——"阳光司法"在浙江的实践与思考》，载《法治研究》2012年第1期。

则是不希望自己的审判权接受社会公众的监督,也是权力意志作祟的表现。有基层法院的法官在谈到为什么我国这么钟情副卷时,讲的比较委婉和客气,没有直言是权力意志作祟,而是"缺少担当"。他们认为,"保密是外在的表现形式,而从上层到基层多次重复的'担当'用在此处最为合适,事实就是法院缺乏担当、法院领导缺乏担当,司法从业人员缺乏担当,尤其是从上层、上级法院开始就缺乏担当,这才是这么多年无论多少风吹雨打副卷仍岿然不动的根源"①。

第二,司法行政化痼疾。从《宪法》《法院组织法》《法官法》等规定来看,上下级法院之间不存在领导与被领导的关系,即使是同一法院的院长等领导也无权干预法官办案。但是法律规定的正式规则却被潜规则所异化,我国的司法呈现行政化的特点。"司法行政化,一直是我国现行司法体制的重症顽疾。""法院在外部机构设置和人员构成上依附于行政机关,司法管辖区域与行政区划完全一致,法院的人、财、物供应也统统依赖于地方行政,在内部管理体制方面也仿照行政机关建立起一套上命下从的金字塔型权力架构。"② 尽管这些年来的一系列司法改革都力图淡化、消除这种有违司法规律的现实,并取得了不菲的成绩,但客观地讲,我国司法行政化的状况并未从根本上扭转。"简单地说,司法行政化就是司法违背了司法的属性,失去了司法的外观与内涵,司法蜕变为'行政'。"③ 其表现为法院系统内上下级法院关系的行政化、司法主体的行政化、司法行为的行政化、司法目标的行政化等。在司法行政化下,办案活动存在大量的审批环节:过多地向上级请求报告和批复、审委会的意见等一些有违司法规律的做法都显得"顺理成章"了。司法的行政化下,诸如请示汇报等甚至演变成了基层法院规避责任的模式。"当承办单位发现案件拿不准时,由于惧怕二审改判或者发回,向上一级法院

---

① 唐树军,崔军委,史庆艳:《正当时:废除另立副卷制度的思考——从深化司法体制改革的角度》,https://tjjxfy.tjcourt.gov.cn/article/detail/2020/05/id/5229344.shtml,2023 年 7 月 15 日访问。
② 谢佑平,万毅:《司法行政化与司法独立:悖论的司法改革——兼评法官等级制与院长辞职制》,载《江苏社会科学》2013 年第 1 期。
③ 周永坤:《司法的地方化、行政化、规范化——论司法改革的整体规范化理路》,载《苏州大学学报》2014 年第 6 期。

先行请示以避免尴尬的诉讼模式使得审级制度虚置，上级的意志明显优于下级的判断。这就意味着在很多案件中，低层级的法院不愿意自我决定，拒绝去行政化，并且避免司法公开。另外，这种留底备查的官僚技术，可以撇清下级的责任。"①

与司法行政化现象相关，我国审判委员会制度存在也是副卷得以存在的依仗之一。审判委员会（审委会）是人民法院内部设立的专门对审判工作进行监督、指导的机构。它不属于我国《民事诉讼法》规定的法定的审判组织。根据最高人民法院 2010 年颁布的《关于改革和完善人民法院审判委员会制度的实施意见》，审判委员会的主要任务是讨论疑难、复杂、重大案件，总结审判工作的经验，讨论其他有关审判工作的重大问题。审判委员会在审判业务上对合议庭实行指导和监督。审判委员会对合议庭的指导和监督具体体现在，人民法院审理下列案件时，合议庭可以提请院长提交审判委员会讨论决定：合议庭意见有重大分歧、难以作出决定的案件；法律规定不明确，存在法律适用疑难问题的案件；案件处理结果可能产生重大社会影响的案件；对审判工作具有指导意义的新类型案件；其他需要提交审判委员会讨论的疑难、复杂、重大案件。合议庭没有建议提请审判委员会讨论的案件，院长、主管副院长或者庭长认为有必要的，可以提请审判委员会讨论。审判委员会对案件的处理决定合议庭必须执行，该决定对外仍以合议庭的名义作出。这些规定显示，审判委员会实际上是我国人民法院的最高审判组织。现行的审判委员会讨论决定案件制度，违反了直接言词原则的要求，审判委员会讨论决定案件造成了审理者与裁判者的"分离"，从根本上背离了直接言词原则，当事人被剥夺了在真正的"裁判者"面前陈述的机会，裁判的正当性受到质疑。② 尽管新修订的《中华人民共和国法院组织法》在第 39 条规定"审判委员会讨论案件的决定及其理由应当在裁判文书中公开，法律规定不公开的除外"，但没有说审判委员会讨论案件的过程应当公开，只要审判委员会这一组织存在，且具有讨论决定具体案件的功能，法院存在副卷就是必然的，"不

---

① 印波：《法院副卷制度：阶层主义的残余》，载《民主与法制》2017 年第 11 期。
② 刘敏主编：《民事诉讼法学：原理·案例·司考》，中国法制出版社 2015 年版，第 73 页。

然，审委会的讨论过程（记录）放哪儿去？"①

第三，司法过程的封闭性。受司法权中立性、被动性的特点决定，司法活动的开启首先遵循的是"不告不理"原则，行政机关的执法则要求主动出击。就民事诉讼而言，其启动始于当事人的起诉，涉及的诉讼主体无外乎原告、被告、第三人等有限的社会主体，即使在现代社会中存在选定代表人诉讼等人数众多的案件，但大部分案件直接涉及的主体还是较少的，其很难为公众所注意。但一个抽象行政行为的做出或者（甚至）具体的行政决定的做出往往会直接涉及众多人的利益，社会的关注度较高。行政诉讼和刑事诉讼尽管与民事诉讼稍有不同，但情况大同小异。特别是刑事诉讼，分为侦查、起诉、审判三个阶段，出于侦查的需要，其过程更为封闭，显得更为神秘。司法的专业性、自治性、封闭性属性也就会产生"司法神秘主义"的副产品。②"过去几十年，出于认识或习惯上对司法决策总要保留点神秘感的观念，我们往往把那些主观认为"不宜公开的材料"统统填充到了副卷里，副卷的肚子越喂越饱，而公众对司法神秘揣测的胃口却被吊得越来越高。"③

4. 法院副卷的存废之争

正是法院副卷有这么多的弊端，与司法公开的要求和程序公正的价值相悖。近年来，理论和实务界对法院副卷制度改革的议论渐起。

对于副卷制度的存废问题，学者们有不同的意见。大体上可以分为赞成存在和主张废除两种基本的倾向。陈有西就是副卷制度的赞成论者。他认为，法院副卷制度将长期存在，公检法的办案副卷是必然存在、非常必要也取消不了的。副卷的存在有利于保存真实的历史细节和证据，有利于震慑非法的司法干预，还原冤案真相，但同时要建立副卷解密年限制度，在规定律师保密义务的前提下，允许律师查阅副卷以及压缩副卷内容范围等。④ 在我们查

---

① 这是洪道德教授在接受《南方周末》采访时表达的观点。参见谭畅，桂天舒：《用于追责，还是用于翻案？——解密法院"副卷"》，载《南方周末》2019年1月10日。
② 参见薛志勋：《"围观时代"的司法挑战与应对》，载《人民法院报》2015年10月9日第007版。
③ 兰雅丽：《褪去神秘：司改浪潮中"副卷"之改革进路——以B省某基层法院125件卷宗为样本》，载《全国法院第27届学术讨论会获奖论文集》，2016年，第89-97页。
④ 参见陈有西：《法院副卷如何兼顾公开、专业与科学性？》，《民主与法制》2017年第11期。

阅的有限文献中，陈有西是观点鲜明地支持保留法院副卷制度的论者。除了学术界，实务界实际上存在不少的赞成者。但多数的研究者则持废除的观点。例如刘仁文的观点就与陈有西不同，他认为法院副卷存在不符合司法公开和审判公开的发展趋势，违反独立行使审判权的司法规律和我国严禁干预司法活动的规定，限制并缩小了当事人、诉讼代理人以及辩护人的阅卷权，背离了现代诉讼证据裁判原则的基本要求等问题。① "最终彻底废除副卷，所有诉讼材料一卷保存，允许当事人及代理人查阅全部案卷材料，这是司法公开的理想，也将是副卷制度的必然命运。"② 于志刚认为，副卷的不公开对于司法权威的树立、保障公众对司法的监督权和知情权，确实存在一定甚至是巨大的障碍，让社会公众对于司法的"暗箱操作"充满想象空间，极大减损了司法公信和司法权威，副卷包含的内容并不属于应当"保密"的"秘密"。出于对司法独立和公民知情权、监督权的维护，在法律法规明确规定不公开的文书之外，所有的审判卷宗材料均应向社会公众公开，将司法权运行过程中的文书置于阳光之下，接受社会公众监督。③ 尽管他认为，立即废除法院副卷制度可能不太现实，要分步骤改革，但主张废除副卷制度的态度是很鲜明的。另有学者认为，人民法院应当更新相关规定废除副卷制度，废除在副卷中保存违背现行法律、法规的诉讼材料的做法。将领导打招呼批条子，以及"案件的内部请示及批复、承办人与有关部门内部交换意见的材料或笔录、上级法院及有关单位领导人对案件的批示"等材料从副卷中剔除出去，然后对"瘦身后"的法院副卷进行完整公开。④ 该学者的观点貌似在维护法院副卷制度的基础，对其进行改革和修补，但事实上确实是要废止该制度。因为，如果将副卷中与现行法律、法规违背的材料剔除出去，副卷和正卷就没有多大差异了，还谈何副卷，谈何副卷的全面公开问题？在赞成废除法院副卷的论者中，甚至有不少是法院的法官，他们并非对司法公开、副卷公开抱"本能排斥"的态度。恰恰相反，他们基于基层的工作实践，对副卷

---

① 参见刘仁文：《法院副卷如何实现逐步公开？》，载《民主与法制》2017年第11期。
② 刘仁文，陈妍茹：《法院副卷制度不宜保留》，载《南方周末》2016年5月19日。
③ 参见于志刚：《全面公开审判卷宗的建议与制度设计》，载《中共中央党校学报》2016年第4期。
④ 参见李帅：《司法改革视角下法院副卷公开研究》，载《云南社会科学》2018年第5期。

的弊端往往有更为直接的认识和体会,希望废除副卷的愿望则更为强烈。他们认为,废除另立副卷制度符合我国的政治方向、满足人民群众司法透明度要求、可以和员额制对接、可以反作用于司法体制改革。"副卷仿佛就是司法擅断、秘密审判的代名词,只有取消另立副卷制度,大力推行司法公开,法院在审理案件中,做到了全面公开、全部公开、全程公开,不再设置副卷时,这大概才是公平正义真正到来的时刻。"①

在存废两种观点中,笔者的观点很明确,是赞同废除法院副卷制度。为什么法院副卷不能公开?无非是现在的法院副卷记载了公权力干预司法、上级法院的批复指示、难以为公众所接受的个别评议意见等诸多"不便公开"的信息罢了。废除的理由,前面的论者已有涉及,笔者不再赘述。下面从合法性、审判权的独立行使、现实性等方面作进一步分析。

第一,法院副卷制度的合法性问题。即现行的副卷制度是否有明确的法律依据,其存在是否与现行的法律相悖?现行法院副卷的规定,多来自司法文件,没有任何一部法律明确规定法院可以另立副卷,一律不公开。相反,宪法、诉讼法、法院组织法等却是明确规定了审判公开的要求。我国《宪法》规定,"人民法院审理案件,除法律规定的特别情况外,一律公开进行。"《民事诉讼法》和《刑事诉讼法》等分别对公开审理的例外情况进行了明文规定,民事案件除涉及国家秘密、个人隐私、当事人申请不公开审理的离婚案件或者法律另有规定的以外,应当公开进行;刑事案件除未成年人犯罪案件、有关国家秘密、或者个人隐私的案件之外的一审案件,应当公开进行审理。这里的"不公开"仅仅指的是开庭审理阶段的不公开,并没有排除对裁判过程、裁判结果的公开。也没有限制向当事人和律师公开与案件有关的证据材料。《律师法》规定,受委托的律师自案件审查起诉之日起,有权查阅、摘抄和复制与案件有关的诉讼文书及案卷材料。受委托的律师自案件被人民法院受理之日起,有权查阅、摘抄和复制与案件有关的所有材料。由此可见,我国法律所规定的司法公开包括案卷所有材料

---

① 唐树军,崔军委,史庆艳:《正当时:废除另立副卷制度的思考——从深化司法体制改革的角度》,https://tjjxfy.tjcourt.gov.cn/article/detail/2020/05/id/5229344.shtml,2023 年 7 月 15 日访问。

公开，法院长期以来实行的正副卷分立、副卷一律不得对外公开等做法，缺乏上位法的依据。①《宪法》《人民法院组织法》规定，人民法院依照法律规定独立行使审判权，不受行政机关、社会团体和个人的干涉。允许领导的指示、有关部门的意见等堂而皇之地存在于法院副卷中，就是允许干预司法，这是对《宪法》《人民法院组织法》的侵犯，是一种违法、违宪行为。可以说，副卷制度缺乏合法性。

第二，副卷制度与现代司法和法治建设问题。现代社会的司法是建立在民主政治基础上的司法，公开审判、审判权的独立行使等是现代司法的应有之义和基本内容。这些价值在我国的宪法、诉讼法、法院组织法的明确规定中均有所体现。允许、容忍副卷的存在就是对秘密审判的承认、就是对审判权独立行使原则的自我否定。像公开审判、司法独立等不仅是现代司法的根基，也是法治的基本要求和衡量法治实现水平的重要指标。自 1997 年中国共产党的十五大把"依法治国"确定为党领导人民治理国家的基本方略，把建设"社会主义法治国家"确立为治国理政的建设目标，实现了从"法制"向"法治"的历史性转变，中国特色的社会主义法治道路进入到一个新阶段。新时代全面依法治国下"科学立法、严格执法、公正司法、全民守法"新十六字方针的凝炼，以及系统性的习近平法治思想的成型，公开审判、司法公开、司法公正、司法权的独立行使都是其中的重要内容。法院的副卷制度尽管存在了 60 多年，但明显与新时代法治建设的精神、价值和要求相背离。习近平总书记指出："涉及老百姓利益的案件，有多少需要保密的？除法律规定的情形外，一般都要公开。要坚持以公开促公正、以透明保廉洁。"② 为法院副卷制度辩护的同志可能认为，如果取消了审判秘密制度和副卷制度，所有的卷宗材料允许当事人甚至社会公众查阅、复制的话，不利于司法权威的树立。这种论调完全站不住脚。司法权威的树立不是靠秘密审判树立起来的，它是靠公平、公正、透明的司法过程及结果赢得的。"真正的司法权威并不能依靠

---

① 参见赵霄洛，盛斌，陈鹤：《法院"副卷——律不对外公开"缺乏法律基础》，载《中国律师》2011 年第 4 期。
② 中共中央文献研究室编：《十八大以来重要文献选编》上册，中央文献出版社 2014 年版，第 720 页。

将法官个体严实地包裹于机构的神秘面纱之下而得以建立，而是应当建立在司法过程的公开、透明以及司法结果的充分说理之上。判决书中的不同意见至少可在一定程度上使辩护人和公众相信，判决不是草率作出的，而且也可以证实司法的独立性，特别可证实智慧、无畏的法官'公正无私'的形象。"[①] 简言之，公正的司法必然是公开透明的司法，公正的司法也无惧公开。

第三，现实的障碍是真问题，还是拖延改革的遁词？如果废除了法院副卷制度，审判的秘密放在哪？赞成保留法院副卷制度者提出质疑，如果废除副卷，地方党委对司法的领导如何体现？中国共产党对社会主义各项事业的领导是历史的选择、时代的选择和人民的选择，是我国社会法治的基本原则之一。党的领导和党在宪法和法律的范围内活动是高度契合和统一的。正如习近平总书记指出："我们说不存在'党大还是法大'的问题，是把党作为一个执政整体而言的，是指党的执政地位和领导地位而言的，具体到每个党政组织、每个领导干部，就必须服从和遵守宪法法律，就不能以党自居，就不能把党的领导作为个人以言代法、以权压法、徇私枉法的挡箭牌。我们有些事情要提交党委把握，但这种把握不是私情插手，不是包庇性的插手，而是一种政治性、程序性、职责性的把握。这个界线一定要划分清楚。"[②] 在以往的审判实践中，能够干涉、干扰司法机关裁判结论的主要力量是来自各级法院内部的行政力量和来自法院外部的力量，个别党政领导以"党的领导"的名义对具体案件"递条子""打招呼"，说到底还是想要司法服从这些领导干部的意志，或者说维护特定人员和小团体的权威和利益，并且在事实上形成了一种腐败源，对党的领导有百害而无一利。[③] 按照总书记的指示，党对司法工作的领导是一种政治性、程序性和职责性的把握，不是对具体个案如何处理的干预。个别党委领导不能代表党，其意志不是党的意志。因此，假借

[①] ［美］罗纳德·德沃金：《法律帝国》，李常青译，中国大百科全书出版社1996年版，第273页。
[②] 2020年11月16日，习近平在中央全面依法治国工作会议上的讲话。
[③] 张书勤：《加强党对司法工作的领导和支持》，载《人民法院报》2018年12月18日。

党的领导,为副卷制度辩护说站不住脚的,是偷换概念。① 也正是认识到这一问题,中共中央办公厅、国务院办公厅于 2015 年 3 月 30 日印发的《领导干部干预司法活动、插手具体案件处理的记录、通报和责任追究规定》已明确将"领导干部"界定为"各级党的机关、人大机关、行政机关、政协机关、审判机关、检察机关、军事机关以及公司、企业、事业单位、社会团体中具有国家工作人员身份的领导干部"。"记录""通报""追责"其实就是公开,"两办"的文件就是要遏制、杜绝领导干部对案件的插手和干预,就是对法院副卷制度的间接否定。还有一种论调,认为如果废除了法院副卷制度,不让领导和有关单位的指示、批复等放入副卷,让法官独立办案,会造成法官权力过大,法官缺乏监督的问题。这其实也是个伪问题。既然是法官,符合《法官法》规定的法官任职、履职的能力,就有能力独立办案,就不需要也不能向领导和上级部门汇报案件处理意见。当然,他也要为案件的处理结果负责。与担忧的情况相反,真正实现法官独立办案的情况下,法官处理案件会更审慎,错案追究制也能真正落到实处。此时的法官再也不能将办错案的责任推给审委会、上级法院、党委或领导。缺乏副卷庇护的各种干预和插手再也无处存放。这种状况下的法官不仅不会出现恣意裁判、枉法裁判的行为,只能更加慎重地行使自己的审判权。中央政法委于 2013 年 8 月出台《关于切实防止冤假错案的指导意见》,要求建立健全合议庭、独任法官、检察官、人民警察权责一致的办案责任制,法官、检察官、人民警察在职责范围内对办案质量终身负责,要真正落实这一规定,落实审判独立,废除法院副卷制度,实行全面彻底的司法公开方为正途。也有法官认为,副卷保存这类资料等于保留了"违法干预的证据",可以用来应对日后可能发生的追责。这种看法是

---

① 孙佑海认为,地方党政干预司法审判,与一些领导同志的错误认识有关,上级领导干预案件审判的做法理所当然。他还列举了几例他亲身经历的事。在某地政法工作会议上,某省委常委在会上说,党领导国家,党领导政法工作,党委不审批案件行吗? 某省委副书记也在会上讲,长期以来的感觉是,公安机关很听话,办事很得力。而法院工作很不得力,交代给法院的事情总是拖延时间,总是讲什么程序。某省政府的一位副秘书长主持会议协调经济纠纷案件,当省高院副院长依法提出的意见不合这位副秘书长的口味,不合地方党政的意志时,这位副秘书长竟然当场斥责说:"你再不按我的意见办就把你撤了"。参见孙佑海:《司法审判去行政化是国家治理体系和治理能力现代化的重要突破口》,载《法制与社会发展》2014 年第 6 期。

欠妥的。洪道德认为，当有权势的单位或个人干涉审判活动时，副卷不应成为法院的自保工具，如果外界来一个意见，法院就退缩了，根据意见处理案子，将来面对自己判的错案又推说责任在外界干涉……那是法院自我矮化了。① 既然已经建立起了非法干预司法行为的处理机制，法院就应抓住这一契机，理直气壮地抵制对审判活动的不当干预。除了上述的理由外，赞成应当保留法院副卷制度者还担心一旦诸如副卷中的合议庭的不同意见公开，将会导致不必要的混乱。其实这种担心是多余的。2001 年 9 月，广州海事法院在一起损害赔偿纠纷判决书中首次记载合议庭两种截然相反的意见。② 改革后，广州海事法院裁判文书中记载合议庭少数意见的占 10%。不仅没有出现混乱，还提高了社会公众对法院和法官的信任度，充分落实了合议制度，初步形成了优胜劣汰，促进了法官职业化，促进了防腐保廉。③ 现在的广州海事法院除了合议庭的少数意见，对以往列为密级的"审委会讨论"也进行公开。广州知识产权法院在原告广州华立科技股份有限公司起诉被告中山市乐驰游乐设备有限公司、中山市大展动漫科技有限公司侵害实用新型专利权纠纷案件中，也把"少数意见"写入了民事判决书，完整地呈现了合议庭的不同观点。④ 2002 年 8 月上海市第二中级人民法院首次尝试在裁判文书中公开表述合议庭的不同意见。从实践的效果看，当事人表示服判，代理人来函支持这一举措，合议庭成员职业责任感与荣誉感有所增强。⑤ 2016 年南京市玄武区人民法院一起离婚案件的判决书，在这起对夫妻财产分割法律适用产生较大争议的判决书中，玄武法院首次公开了合议庭和审委会的不同意见。⑥ 实践中公开法院副卷内容的这些尝试，并没有出现想象中的混乱。因此，抵制副卷废除而提出来的一些问题，要么是想象出来的伪问题，要么是抵制、逃避副卷改革的遁词罢了。

---

① 参见谭畅、桂天舒：《用于追责，还是用于翻案？——解密法院"副卷"》，载《南方周末》2019 年 1 月 10 日。
② 参见王韶华：《司法公开与审判秘密》，载《人民司法》2014 年第 5 期。
③ 参见余文唐：《广州海事法院的有关做法和效果》，载《人民法院报》2003 年 3 月 24 日。
④ 参见姜旭、肖晟程：《判决书亮不同意见 当事人享阳光司法》，载《中国知识产权报》2018 年 7 月 18 日。
⑤ 参见王信芳：《裁判文书公开合议庭不同意见的探索与思考》，载《政治与法律》2004 年第 2 期。
⑥ 参见邵克：《裁判文书审委会意见公开之利弊》，载《民主与法制时报》2016 年 2 月 25 日。

第五章

我国公众查阅法院卷宗制度的建构

一、公众查阅法院卷宗制度构建之必要性

就深化司法公开,以促进司法公正的意义,我国理论和实务界已经形成共识,自无疑问。正如我们前文所述,实践中,有些法院也展开了公众查阅法院卷宗的尝试,似乎事情的发展正向我们预期的方向进行。然而,事情的发展似乎出现了"急刹车"。2023年11月,最高人民法院公布了《关于建设全国法院裁判文书库的通知》(简称《通知》)。《通知》称:"全国法院裁判文书库拟于2024年1月上线运行,支持全国法院干警在四级法院专网查询检索裁判文书"。《通知》立即引起了社会广泛关注。这意味着,以前面向社会的"裁判文书公开网"将成为仅为法院人员查阅的"内参"。从2023年8月份开始,各地法院已经要求判决文书原则上不公开、不上网,之前在裁判文书网上的判决书等也大量下架;而庭审直播网的公开数量也开始减少。从2013年裁判文书上线后,2020年为公开程度最高的年份,达到了81.48%,但到了2022年却降至29.01%。根据最高人民法院数据,通过严格风险筛查、完善公开标准,每年上网文书数量从2020年的1 920万件、2021年的1 490万件降至2022年的1 040万件,2023年上网文书数量为511万件。尽管官方解释说,从未"叫停"过文书上网,前述公开率减少系"针对性整改措施"和"优化","现在对外公开的裁判文书网会继续发挥应有作用",但这种解释恐怕很难消除民众的担忧。在作为法院卷宗一部分内容的生效裁判文书尚且被"下架"的情况下,我们提出了允许公众查阅法院卷宗的问题是否过于超前?

这个问题不能不辩。不赞成者可能认为:第一,我国允许公众查阅法院卷宗会给国家和社会乃至个人的信息安全带来危险。第二,其他大陆法系国家并没有成熟的作法。况且我国的司法公开搞得有声有色,成绩斐然,再搞

什么公众查阅法院卷宗没有太大必要。

官方在"下架"生效裁判文书时的一个重要理由是民法典、个人信息保护法、数据安全法出台后，对司法公开工作提出了更高要求，要"防止公民的正当权益、企业的生产经营以及公共利益因不当公开受到不利影响"。允许公众查阅法院卷宗的确可能因信息的披露、抓取、整理等给公民、企业造成一定影响，但不能因噎废食，关闭公众查阅法院卷宗的大门。首先，我国宪法、民事诉讼法、行政诉讼法、刑事诉讼法等法律中关于审判公开的限制中，已有涉及国家秘密、个人隐私或商业秘密不予公开的概括性规定。现在要做的是将"国家秘密""个人隐私"等内容以法律的方式细化和具体化。法院卷宗中剩下的信息便是可以公开的公共信息。其次，对剩下的公共信息，在查阅的方式、查阅的目的、信息的使用等方面予以制度的设置也能最大程度地保护公民或企业的利益不受侵害，实现公众的司法知情权与个人或企业信息保护之间的平衡。

相比英美法系国家，大陆法系国家对公众获取法院记录的要求，反应并不积极。例如，我们的邻居日本就是如此。日本在2001年才颁布行政机构信息公开法，历史上第一次创造了公众可以获取日本政府持有的文件的权利，但该法并不适用于法院。2005年东京高等法院重申了这一立场，它推翻东京地方法院2004年做出的支持公众获取法院记录的判决。[①] 我国也基本属于大陆法系国家，与日本的法律制度有诸多相似。但这不足以作为反对公众查阅法院卷宗的理由。日本的法官素质、司法独立的程度、案件的公正程度，均在一定程度上高于我国，日本民众对司法的信赖度较高。而我国处于社会转型期，一般法官的素质仍有提高的空间，司法判决的公正性也有待提升，民众对司法的信赖有待提高。司法不公、司法腐败在一些地方或一些案件中还较严重地存在，有必要对司法权的运作强化监督，而来自社会公众的监督是最有效的监督。当下我国"权力型"司法公开模式下，公众实际上可以获取的法院卷宗内容十分有限，不足以对司法过程进行有效的监督。而赋予公众

---

① High Court Reverses Ruling on Lockheed Scandal Documents, Japan Economic Newswire, February 9 (2005).

获取法院卷宗的权利，则是进行有效监督的重要方式。最高人民法院率先推进司法公开方面的改革，其出发点就是让司法处在社会公众的目光下，实现以公开促公正，最终提升司法公信力的初衷。因此，只要能解决我国的现实问题，何必拘泥于英美法与大陆法的分野。不仅如此，允许公众可以查阅法院卷宗，还能形成"倒逼"机制，促进我国司法制度的逐步合理化。反对公众查阅法院卷宗的一个不能言明的理由是，我国实践中，尚存在请示、汇报、审委会纪要等实际影响或决定案件处理的记录是"不便"公开的，它们是我国司法行政化下长期存在的问题。这些做法是违背司法规律的，是对司法独立行使原则的极大破坏。如果除涉及国家秘密或个人隐私、商业秘密之外的所有与案件有关的法院卷宗都允许公众获取的话，这些信息将无藏身之处，也能实质性地推动我国的司法权合理运行。其实，民事诉讼法、行政诉讼法中允许公众查阅已经生效的判决、裁定，已经在允许公众获取法院记录方面迈出了可喜的一步。至于我国的司法公开已经很好，没必要建立公众查阅法院卷宗制度的论调，更不足取。如前所述，我国司法公开中存在的痼疾，难以克服，恰恰是缺乏这样一种基于权利保障的、由公众进行外在监督的查阅法院卷宗制度所致。公众查阅法院卷宗制度是司法公开的重要内容，也是目前我国司法公开的短板，因此，我们目前要做的不是满足于司法公开的成绩裹足不前，而是通过公众查阅法院卷宗制度的建构将司法公开进一步推进。

二、公众查阅法院卷宗的主导性原则

构建我国公众查阅法院卷宗制度，要以一定的原则为导向。我们认为，其中主导性原则有公众司法知情权保护原则、个人信息保护原则。前一个原则最为基础和重要，通过保障公众的司法知情权，实现司法公开、公众获取法院记录的最大化。然而个人信息保护原则与公众司法知情权保护原则存在一定的紧张关系。这也说明，司法公开乃至公众司法知情权的保障原则固然重要，但它并非绝对的原则，也并不等于允许公众可以毫无限制地获取法院卷宗中的任何文件。因此，我国建构公众查阅法院卷宗制度时，要注意这两个主导性原则的平衡和协调。

1. 保障司法公开和公众司法知情权

在英美法系国家,允许公众查阅法院卷宗固然有普通法历史传统的因素,但最重要的原因是社会对司法公开的重要价值和意义已形成共识。司法公开的内涵有多种解读,但简言之,就是"正义不仅被实现,而且应当被看得见的方式实现"。正如 Emma Cunliffe 教授认为,司法公开具有以下目的:确保法官依法、廉洁、有据行事的保障;对诚实证词的激励;作为法律的道德层面得以广泛表达的机制;作为关于立法和法律执法活动公共信息的资源。[①] 上述有关司法公开的功用其实可以再细分为监督功能和教育功能两部分。就司法公开的监督制衡目的,边沁也许是最早进行论证的学者之一。他将公开司法作为一种对法官的重要制衡,只有在公开的批评和评论下,法官才能公正、无私和行为得体;没有公开,所有其他的制衡都是无用的。[②] 阿克顿勋爵则从民主宪政角度强调司法公开的重要性,他说,司法公开是"最好的审视",在公平和高效方面赢得公众信赖,是法院宪法特征的关键方面。法院是民主政体的部门,公开是民主的根本性特征,公众接近司法程序是基本的民主原则,公众的信赖对司法机构的正当性和法治原则的坚守至关重要。[③] 至于司法公开的教育功能,无外乎当事人借由司法公开了解司法程序,参与司法程序,感知法律的运作等,从而提升对法律价值和理念的认同。

作为一项司法原则,司法公开的内容由众多的司法活动组成。比如公众或媒体对法庭的旁听或报道、法院对司法决定的公布、法院政务网站的设立、获取法院保管的文件记录等。其中,公众查阅法院卷宗是司法公开的重要组成部分和内容。因此,公众对法院卷宗的有效获取也能发挥监督和教育双重功能。在某种意义上,公众对法院卷宗的查阅也许更为重要。尽管司法公开规定或允许公众可以通过旁听直接参与具体案件司法程序,但相对于整个社会公众而言,这些实际的参与者毕竟是少数,同时,他或她也难以看到庭审

[①] See Emma Cunliffe. Open Justice: Concepts and Judicial Approaches. Federal Law Review, Vol. 40: 388.
[②] See Garth Nettheim. The Principle of Open Justice. Tasmanian Lato Revieto, 1984(8):25.
[③] See The Hon Chief Justice Marilyn Warren Act. Open Justice in the Technological Age. Monash U. L. Rev. 45 (2014).

背后司法权的整个运作过程。而通过查阅、摘抄、复印、报道相关的法院卷宗，公众则可了解司法权运作的动态过程，真正发挥对法官、司法权的监督和制衡作用。

知情权既是公众查阅法院卷宗的基础，又是重要体现。知情权（right to know）是公民享有的一项民主权利，也称"知"的权利、知悉权。其基本含义是公民有权知道他应当知道的信息，国家应最大限度地确认和保障公民知悉、获取信息，特别是政务信息。知情权包括知悉和获取两方面的内容，其中前者是权利人主观上知道，而后者是指权利人有权索取、查阅某些记录信息。在现代社会民主政体下，人民是国家的主人，政府是人民的代理人和委托者，人民有权知悉政府的运作。特别是现代社会下，从信息的掌控上看，国家机关是最主要的信息生产者、管理者和发布者，80%的社会信息资源都掌握在政府手中。[①] 可以说，政府进行信息公开是民主法治政府的内在要求和主权在民的直接体现，藉此，公民参与国家公共事务、监督国家权力运作，保障民主法治运行。因此，但凡政治文明的国家无不颁布《信息公开法》《情报自由法》等保障公民的知情权。司法机关属于国家的重要组成部分，提供的是公共物品，民众同样有正当的理由了解其权力的运作。这就是公民的司法知情权，即"公民了解和知悉司法机关的政务信息、办案信息和司法人员相关信息的权利"[②]。

保障公众的司法知情权应当在价值序列中处于优先的地位，尤其在与个人信息保护价值进行衡平时亦是如此。这种价值实际上在我国的司法文件和司法公开的实践中已经获得体现。我国生效裁判文书的公开中，奉行的就是"公开是原则，不公开是例外"的准则。因此，从保护公众的知情权和实现司法公开旨趣计，我国应当最大限度地允许公众查阅法院卷宗，除非是公众对法院卷宗的获取有碍于正义的实现。司法公开毕竟不是目的，而是手段，最终的目的是促进正义的实现。当公众对法院卷宗的获取有可能损及该目标时，就应当是获取的边界。比如公众在听审前或后，在一些案件中，可能会影响

---

① 参见张新民：《我国政府信息公开工作发展与展望》，载《情报理论与实践》2008年第6期。
② 高一飞：《公民司法知情权要论》，载《中州学刊》2015年第10期。

法院的裁判，对法院的行为造成偏见，因此，考虑到对公正审判的不利影响，这种情况下的查阅就应当被限制或禁止。

2. 保护个人信息与公众知情权的平衡

（1）法院卷宗中个人信息的披露、使用可能出现的问题。

法院卷宗除了公共信息，包含有关诉讼当事人的私人或个人信息，有时也有证人和非当事人的信息。如未成年人和配偶的姓名，社会保险号，地址，财务信息，出生年月，也可能存在一些诸如医疗记录、工作经历等敏感信息。这些信息如果被广泛传播，很可能会被滥用。在法院卷宗主要采用纸质形式，公众并且只能前往法院才能查阅法院卷宗的时代，个人信息的保护尚未成为突出的问题。公众为了查阅一个特定案件的法院记录，一个利益相关人就不得不亲自前去法院去查阅文件，复制想要的材料。因此，考虑到时间、耗费、不便等，结果是仅仅很少一部分人愿意从事这样的活动。但是，随着科技，尤其是互联网技术的发展，这种情况正在改变。许多国家或地区的法院建立了电子文件系统，所有的纸质文件被法院整理上传至系统，它们将会被任何潜在登录互联网的人所获得。有些地方的宪法和立法条款不仅明确规定公众有权获取法院记录，并且将获取的方式扩大到可以通过互联网远程在线获取。一旦法院允许在线获取并使记录唾手可得，任何有电脑的人都能使用搜索引擎，动动鼠标，获取当事人或者法院纸质文件中所涉及的信息。据美国联邦贸易委员会报告，2003年有1千万美国人的身份信息被窃取，而每个人在解决该问题时平均所花费的时间为530小时；美国司法部门的报告也称，在美国因身份信息被盗用所造成的交易欺诈中每年的耗费达到50亿。① 甚至法院记录中个人信息常常被盗用后用于犯罪活动。例如，2003年2月，美国有七个人合谋利用从联邦法院记录中的个人信息，从事欺诈和盗取身份信息。② 这些人利用联邦法院在线数据系统（PACER），获取有关联邦囚犯信息并开设虚假的银行账户。有34个联邦囚犯和20家金融机构成为受害者。在

---

① See Lynn E. Sudbeck. Placing Court Records Online: Balancing the Public and Private Interests. The Justice System Journal, Vol. 27 (2006).
② See Silvestrini, E. Federal Prisoners' Personal Information Used in Credit Fraud. TampaTribune, February 8(2003).

我国,生效裁判文书中信息被收集、转载、披露等情况也时有发生。例如,2001年7月、2002年1月,某小区的物业管理单位广州市某房产公司将其与业主马某、温某有关物业管理收费的案件一、二审判决书张贴在该小区的公告栏里。马某、温某认为房产公司未征得他们同意的情况下擅自张贴判决书,使他们的姓名、年龄、组织等基本情况公告于大庭广众之下,侵犯了姓名权和隐私权,因此诉至法院,要求公开道歉并赔偿每人500元的精神损失费。① 又如,王某因拖欠物业公司物业费、电梯费,被物业公司起诉至法院要求王某支付物业费、电梯费以及滞纳金。经开庭审理,法院判决王某在判决生效后十日内向物业公司支付物业费、电梯费以及滞纳金。物业公司收到判决后在未对王某的姓名、身份证号码、家庭住址进行隐匿处理的情况下即将该判决张贴于小区各幢楼的电梯内,直至王某向物业公司交纳了物业费等相关费用后才予以清除。王某随即以物业公司上述公开张贴判决书的行为侵犯了其名誉权、隐私权起诉至法院,要求物业公司公开道歉并赔偿精神损失。② 随着我国"数字经济"的发展,一些法律大数据公司,如中国司法大数据研究院公司、北京汇法正信公司、威科先行等,它们推出司法案例数据平台、北大法宝、法信、企业涉诉数据平台、法律家数据库等产品。这些公司通过对中国裁判文书网、中国执行信息网等官方平台上的公共信息进行抓取、收集和整理,向其客户提供商业化的服务。必然会涉及案件中个人或企业信息的披露和传播,对个人的生活或企业的经营造成一定的影响。

(2) 法院对裁判文书转载的态度

随着我国生效裁判文书的公开,对转载法院公开的裁判文书是否侵犯个人信息、个人隐私等问题也时有出现,法院对该类纠纷裁判根据也有差异,其背后就是对公众司法知情权和个人信息保护这两种价值的紧张关系的处理和平衡。例如,在(2019)苏05民终4745号判决书中,苏州市中级人民法

---

① 转引自李友根:《裁判文书公开与当事人隐私保护》,载《法学》2010年第5期。
② 参见《公开张贴法院判决书是否侵犯他人的名誉权和隐私权?》,载常州经开区法院微信官方公众号,https://mp.weixin.qq.com/s?__biz=MzIwMDg1MTQ4OQ==&mid=2247485303&idx=4&sn=4d06e9c6998c4f962b79b2e99b0ec077&chksm=96f7ae39a180272fb7233f9e56f4cd299b8322f4c1f701c4c6ae9f30c29dd8423fd1c92e26b8&scene=27。

院倾向于个人信息的保护。贝尔塔公司系启信宝网站的主办单位。该网站主要提供商业查询服务,公众通过该网站可以查询企业工商登记、涉讼裁判文书等信息。2017年,贝尔塔公司将中国裁判文书网上发布的(2013)闵民一(民)初字第19030号民事判决书、(2017)京03民终13693号民事判决书、(2017)京0102民初11779号民事裁定书等三篇裁判文书和人民法院公告网上公开发布的(2017)京0102民初22125号案件一篇法院送达判决的公告文书,转载至启信宝网站,任何人均可在该网站上搜索、查询到上述文书。伊某系上述文书的案件当事人,上述法律文书分别记述了伊某涉及的四起纠纷情况。尹某要求贝尔塔公司删除相关文书,但遭到拒绝。伊某以侵犯自己人格权为由向法院起诉要求赔偿损失。[①] 法院的观点是,贝尔塔公司公开的涉案裁判文书和公告文书能够识别出伊某的个人身份,包含了伊某的个人信息,可以认定贝尔塔公司通过转载相关文书实施了公开伊某个人信息的行为。但法院在判断是否构成侵权时采用了《民法典》《个人信息保护法》中的"告知-同意"规则,本案中在伊某联系贝尔塔公司要求删除相关文书之前,贝尔塔公司公开文书的行为应认定并未侵害伊某对其个人信息的知情同意权,尚不构成非法公开他人信息的侵权行为。贝尔塔公司基于公开的渠道收集后在其合法经营范围内向客户提供、公开相关法律文书,属于对已合法公开信息的合理使用。贝尔塔公司转载并公开涉伊某等主体的法律文书,系基于法律文书已被中国裁判文书网和人民法院公告网合法公开,且就法律文书内容而言并不能判别是否涉及自然人值得保护的重大利益,故不违法,尽管其有实质盈利的目的。伊某对于互联网上的合法公开信息有容忍的义务。但法院同时认为,贝尔塔公司的转载和再次公开行为是否违反正当性和必要性原则、是否对所涉自然人值得保护的重大利益造成影响,应更多考量个人信息主体对其个人信息传播控制的权利及其对个人利益影响程度的评判,即应尊重伊某本人对于其已被合法公开信息进行二次传播的个人意愿,赋予伊某应有的选择权利,即要征得伊某的同意。本案中,伊某诉前和诉讼中曾多次要求贝尔

---

① 参见(2019)苏05民终4745号民事判决书。

塔公司删除其网上公开的相关裁判文书和公告文书，伊某并在诉讼中陈述，贝尔塔公司之转载及再次公开行为对其后续就业及生活等造成了重大影响。贝尔塔公司收到伊某要求后仍未及时删除相关裁判文书和公告文书，有悖于伊某对已公开信息进行传播控制的意思表示，违反了合法性、正当性和必要性原则，应该认为对伊某构成重大利益影响，侵犯了其个人信息权益。

然而，在梁某冰与北京汇法正信科技有限公司网络侵权责任纠纷案中①，北京第四中级人民法院的裁判天平却倾向了公众的司法知情权。汇法网（www.lawxp.com）是汇法正信公司旗下于 2009 年推出的国内大型法律资讯信息网站，其经营项目包括向公众提供判决书等司法文书。2015 年，梁某冰因不服北京市朝阳区人民法院关于梁某冰与隆腾华顺公司劳动纠纷案一审民事判决，向北京第三中级人民法院提起上诉。北京第三中级人民法院审理后判决驳回上诉、维持原判。上述判决书均已在北京法院审判信息网、中国裁判文书网公开。2016 年，原告在百度搜索栏中输入"新浪微博登陆首页梁某冰"时，发现搜索结果第一条显示"上诉人梁某冰因与被上诉人隆腾华顺文化传媒……"，汇法正信公司在转载时并给判决书添加标题，在标题上对原告名字做标红处理。据此，原告向一审法院北京互联网法院起诉请求判令汇法正信公司在其网站首页公开赔礼道歉，判令汇法正信公司赔偿因侵权给其造成的经济损失及合理费用 3 万元，并赔偿精神抚慰金 8 万元等。一审法院驳回了原告梁某冰的诉讼请求。② 梁某冰不服，上诉至北京市第四中级人民法院。

在该案一审的判决中，首先对涉案信息是否属于个人信息进行了认定。个人信息是指以电子或者其他方式记录的能够单独或者与其他信息结合识别自然人个人身份的各种信息，包括但不限于自然人的姓名、出生日期、身份证件号码、个人生物识别信息、住址、电话号码、电子邮箱地址、行踪信息等。个人信息的认定标准为具有"可识别性"。这种"可识别性"，既包括对个体身份的识别，也包括对个体特征的识别。对于单独或者结合其他信息可

---

① 参见(2021)京 04 民终 71 号民事判决书。
② 参见(2019)京 0491 民初 17247 号民事裁判书。

识别特定自然人的信息,都将纳入个人信息的范围。虽然裁判文书正文已经过数据脱敏处理,但相关搜索结果列表中未进行脱敏处理,可以将"甲女"(结合上案,即代表"梁某冰")这一自然人姓名等和特定时间下相关民事主体的民事纠纷进行关联。虽在较大范围内可能存在重名等因素导致识别结果并不唯一,但在一定范围内,特别是在与甲女息息相关的日常生活熟识人群的范围内,以上几个要素的结合成为了可识别为唯一特定自然人的信息。但该信息不属于个人信息中的私密信息。甲女的姓名、性别,一般情况下可适用于正常的社交场合,用于个人身份的识别和社会交往,不构成隐私。对于甲女的相关民事纠纷等信息,客观上作为已公开裁判文书的组成部分,未处于私密状态。虽然甲女主观上具有将该信息作为隐私进行隐匿的意愿,属于其不愿为他人知晓的信息。但甲女不愿意暴露该信息的主要原因并非基于其私密性,而是基于该信息会影响其社会评价,该法益并非隐私权所保护的范畴。本案中,与仅进行消极隐匿不同,涉案信息作为生效裁判文书的内容,一般来说可容许人们基于社会征信和司法监督的需要,在一定范围内通过披露的方式进行积极的正当利用。虽甲女主张上述信息泄露,会给其工作、生活带来困扰,但此种损害并非上述信息披露本身所带来的,而是超出范围和目的的公开,可能增加被非法滥用、引发人身财产损失的风险所致。可见,单纯的上述信息披露本身并不能直接引致人格利益的重大损失。第二,在是否构成对甲女信息权的侵犯上,一审法院的观点是被告汇法正信公司的收集手段合法、利用方式正当,为了保证司法权运行的正当性和公正性,必须将裁判文书置于社会公众监督之下。对于裁判文书的公开和再利用,需要在公共利益和个人信息利益之间衡量,案涉利用方式不侵犯原告的个人信息权益。二审法院着重提出,裁判文书转载再利用时,需着重考虑:来源是否可靠有效,转载发布信息是否真实、无变动,是否引人误解,是否添加了侮辱性、诽谤性内容等因素,在考虑了前述因素后,法院同样认为被告的利用方式不侵犯原告个人信息权益。值得一提的是,北京法院的判决不仅对转载生效裁判文书是否构成对个人信息侵害的标准进行了认定,而且直接回应了裁判文书公开与个人信息保护之间的关系。正如一审裁判书中所论述的,作为审判内容书面载体的裁判文书的公开,也就成为审判公开的本质体现与内在要求。为了保证司法权运行的正当性和公正性,必然要将其置于社会公众监督之下,司法裁判结果公开自然成为制度建构的现实选择。企业使用的裁判文书信息,来源于权威司法机构的公开,而并非个人的授权。由于裁判文书承载个人信息,在同一信息载体上出现了利益主体的竞合,汇法正信公司在再度利用裁判文书等司法数据时,不可避免地会再现甲女的个人信息。如果经司法公开的数据,社会其他主体不得再度转载、利用,一方面将损害司法公开制度,损害公众因该制度所受保护的知情权、监督权等公共利益;另一方面,将使得上述数据被司法机关独家垄断,与司法数据公有、共享的理念不符,故其他数据利用主体可对司法公开的数据,在一定条件下进行再度利用。对于裁判文书的公开和再利用,必须要在保护个人信息等人格权益的前提下,有效协调合理利用个人信息、促进司法公开、促进数据流通和使用等多重目的,作出具有一定开放性、合乎人格利益保护趋势和数字经济产业发展趋势的判断。

我们仅仅是选取了上述两个比较典型的案例,实际上,对于诸如裁判文书中个人信息的披露、传播、利用是否构成侵权,与上述判例一样,意见并不统一。这些现实中发生的案例,向我们提出了如何衡平公众司法知情权与个人信息保护的现实问题。

(3) 衡平公众司法知情权和个人信息保护的思路

鉴于我国当下,公众司法知情权保护不彰,公众对司法过程监督无力之状况,笔者倾向公众司法知情权保障优于公民信息保护的策略。

首先,坚持公法和公共利益优先原则。倾向于个人信息保护优先者多从私法角度论述。《民法典》第一千零三十五条规定,处理个人信息的,应当遵循合法、正当、必要原则,不得过度处理,并符合下列条件:(一)征得该自然人或者其监护人同意,但是法律、行政法规另有规定的除外;(二)公开处理信息的规则;(三)明示处理信息的目的、方式和范围;(四)不违反法律、行政法规的规定和双方的约定。《个人信息保护法》第十三条规定,个人信息处理者取得个人的同意方可处理个人信息;第十四条规定,个人的同意应当由个人在充分知情的前提下自愿、明确作出。上文中，苏州市中级人民法院认定构成侵权的重要理由就是贝尔塔公司收到伊某要求后仍未及时删除相关裁判文书和公告文书，有悖于伊某对已公开信息进行传播控制的意思表示，违反了合法性、正当性和必要性原则。但《民法典》《个人信息保护法》中个人信息的处理规则更多地是调整私主体对个人信息处理。尽管其对国家机关处理个人信息也有概括的特别规定，但对于像裁判文书等公共记录中个人信息的使用问题则语焉不详。这里首先要明确一个问题，以电子或者其他方式记录的能够单独或者与其他信息结合识别特定自然人的各种个人信息，与公共记录中的个人信息不可同日而语。当事人的纠纷进入诉讼，其过程就演变成公权力运行的组成部分，其产生的信息从整体上讲就是公共信息，只是这些公共信息中难免会包含诸如个人姓名、性别等个人信息。法院公布这些信息，其他主体使用这些信息是监督司法权运作，保障公众司法知情权的附带产物。例如有学者在研究隐私权与知情权冲突时所论："隐私权和知情权的冲突，在很大程度上是公的权利与私的权利直接的矛盾，因此在处理上必须考虑公法优先和公共利益原则。"[①] 按照这个原则，对于法院卷宗中像裁判文书中个人信息的使用就不能机械地坚持"同意—知情"的规则。前述苏州中院的判决中，在考量被告行为是否对原告的个人权益产生重大影响时，强调应尊重原告本人对于其已被合法公开的信息进行二次传播的个人意愿，实质上颠倒了第二十七条第（二）项的逻辑顺序，先考虑权利人对个人信息的知情同意，再反过来认定是否存在重大影响。按照这样的逻辑，被告的转载行为尽管从效果上看保障和便捷了公众对相关信息的知情权，涉及重要的公共利益，但不可否认，其通过向公众提供司法文书获取流量，并进一步获取广告、投资等收益，其对个人信息的使用仍然属于商业化使用。故只要权利人明确拒绝，或其使用被认为构成对权利人个人权益的重大影响，运营商转载文书的行为就属于侵犯个人信息权益的行为。在数字经济产业蓬勃发展的今天，且不论对司法数据库运营商附加如此严格的限制会对行业和经济造成何种影

[①] 王利明等编著：《人格权法》，法律出版社1997年版，第151页。

响,其本身所包含的公共利益价值,包括公众对司法数据的快速便捷获取、对司法的社会监督,也难以有效实现。

而且,采用该规则不仅学理上说不通,事实上也会造成个人信息合理使用的受阻。在民事诉讼中败诉的当事人或刑事案件中的被告人,一般情况下,即使使用者征求他们的意见,恐怕也不希望自己败诉的事实或被刑事制裁的信息在网上公开或转载。

其次,对个人信息进行必要"脱敏"。作为一般原则,公共利益优先没有问题,但要考虑到的确一些可识别个人身份的信息会给个人带来一些不利影响。这个可以通过对个人信息进行技术性"脱敏"的方法进行处理。《个人信息保护法》第二十八条对所谓敏感信息的内涵和外延进行了界定。敏感个人信息是一旦泄露或者被非法使用,容易导致自然人的人格尊严受到侵害或者人身、财产安全受到危害的个人信息,包括生物识别、宗教信仰、特定身份、医疗健康、金融账户、行踪轨迹等信息,以及不满十四周岁未成年人的个人信息。最高人民法院《关于人民法院在互联网公布裁判文书的规定》(法释〔2016〕19号)在互联网公布裁判文书时对当事人身份的脱敏也有详细的规定。依照该"规定"的第八条规定,对于家事案件的当事人及法定代理人、刑事案件的被害人及法定代理人、附带民事诉讼原告人及法定代理人、证人、鉴定人、未成年人及法定代理人的姓名进行隐名处理。根据该"规定"的第十条,人民法院在互联网公布裁判文书时应删除自然人的家庭住址、通讯方式、身份证号码、银行账号、健康状况、车牌号码、动产或不动产权属证书编号等个人信息;法人以及其他组织的银行账号、车牌号码、动产或不动产权属证书编号等信息;涉及商业秘密的信息;家事、人格权益等纠纷中涉及个人隐私的信息;涉及技术侦查措施的信息等。也就是说,如果按照最高人民法院"规定",法院在互联网公开裁判文书,社会公众对裁判文书进行二次传播和利用时,通过裁判文书中的信息对当事人进行"可识别"的可能性大大降低,因此,迫切需要规则和程序厘定公众获取和保护个人信息之间的紧张关系。法院必须平衡公民获取记录的权利和个人的隐私权保护。但各国对公众司法知情权与个人信息保护之间如何衡平的尺度却并不一致。有的向司法公开倾斜，有的则倾向于个人隐私的保护，并无定论，取决于特定国家特定时期的法律价值取向。

三、我国公众查阅法院卷宗的要旨

依据英美法系国家的经验，一个完整的公众查阅法院卷宗制度（法）应包括公众获取法院卷宗的目的（相当于总则）、相关概念界定（如何谓法院记录、公众查阅、电子法院记录）、可查阅法院卷宗的范围及例外、公众查阅法院卷宗的时机、公众查阅的具体程序或步骤、公众查阅的费用、法院卷宗的提供者法院的责任或义务等内容。但笔者无意对我国公众获取法院记录的全部内容逐一展开，也无意于从技术层面予以详细设计。因为该制度中的许多内容，如何设立法院卷宗室、法院卷宗查阅网站建设等均属于事务性或技术规范性东西，完全可以直接借鉴英美国家的成熟作法。何况，近年来我国法院大力进行信息化平台建设、案件管理建设，这些方面也积累了较为丰富的经验。本书意在唤起对公众查阅法院卷宗的重视，理论上做些阐释，因此，择该制度之要者，就构建我国公众获取法院记录制度时所应注意的问题进行讨论。

（一）将公众对法院卷宗的查阅要求上升为权利

公众查阅法院卷宗的权源来自于知情权。知情权就是由人权重要组成部分的生存权派生出来的。因为，人作为一种社会动物，必须依靠社会共同体的力量才能抵御和控制自然和外在因素，获得生存。就必须了解外界和共同体内部人与自然、人与人之间的各种情况和信息，才能确定如何获取其生存所需的各种资源。尽管其属于基本人权的范畴，但本质上仍是道德权利，是作为人所应当享有的权利。为了将公众的司法知情权实在化，就必须将这种道德性的权利转化为法定权利。正如论者言，"如果没有法律制度明确保障知情权，那知情权的存在和呼求更多则是作为一种基于政治与道德原因而受人们重视的背景性权利，并不能当然成为人们的行为和要求的根据。只有在制度被宪法化或制度将知情权成文化，才能实现知情权的保障"①。

---

① 刘艺：《知情权的权利属性探讨》，载《现代法学》2004年第2期。

正如前面章节所述，世界上将公众查阅法院卷宗的要求上升为法律权利的做法有以下四种：第一种做法是在宪法层面规定公众的法院卷宗查阅权。美国佛罗里达州宪法，要求所有的司法记录应当对公众开放，除非被立法特别保护。① 加利福尼亚州的宪法也规定了公众可以获取法院记录，但同时也注意对个人隐私权的保护。一个加利福尼亚上诉法院已强调个人隐私权优于公众获取某些电子刑事司法程序信息的权利。第二种做法是用《信息公开法》《电子政务法》等方式一并保护公众的知情权包括司法知情权。如在英国，适用于英格兰、威尔士和北爱尔兰地区的《信息自由法》规定，法院也是该法的信息公开主体。第三种做法是通过诉讼法或程序法规定公众的司法知情权。第四种做法是通过判例或法院规则的方式确认公众的司法知情权。没有在宪法上明确规定公众获取法院记录的国家或州，也往往通过法院的判例将其解释为普通法的权利，或者通过立法或法院规则的规定将其法定化。例如英国最高法院制定了《最高法院信息公开方案》，对最高法院信息公开的范围和信息查询途径等进行了具体的规定。

我国现行宪法上没有"知情权"的明确规定，对公众知情权的保护只能从相关条文的规定上推导得出，可以说宪法上的知情权只是暗含的权利。例如《宪法》第一百三十条规定："人民法院审理案件，除法律规定的特别情况外，一律公开进行。被告人有权获得辩护。"该条是宪法中关于审判公开的规定，可以推导出人民的司法知情权，但这种推导毕竟过于模糊。因此，我国现行的宪法很难为制定公众的知情权尤其是司法知情权的相关立法提供明确的宪法依据。就信息公开的立法看，现行的《政府信息公开条例》将"政府"限定在"行政机关"的范围内，明确排除了立法、法院甚至事业单位等公共主体。因此，我国《政府信息公开条例》保护的是公众对行政机关在履职过程中产生的公共信息的知情权，并不包括司法知情权。

我国对公众司法知情权的保护主要通过诉讼法的规定予以体现。尽管三大诉讼法中没有明确出现"知情权"或"司法知情权"的字眼，但从规定的

---

① 参见 Fla. Const. art. 1, § 21.

内容看就是公众的司法知情权。例如《刑事诉讼法》第十一条中规定："人民法院审判案件，除本法另有规定的以外，一律公开进行。"《民事诉讼法》第一百三十七条规定："人民法院审理民事案件，除涉及国家秘密、个人隐私或者法律另有规定的以外，应当公开进行。离婚案件，涉及商业秘密的案件，当事人申请不公开审理的，可以不公开审理。"《行政诉讼法》第五十四条规定："人民法院公开审理行政案件，但涉及国家秘密、个人隐私和法律另有规定的除外。涉及商业秘密的案件，当事人申请不公开审理的，可以不公开审理。"如果说这些规定是关于宪法上审判公开原则的重申的话，民事诉讼法、行政诉讼法中关于公众可以查阅生效裁判文书的规定在法律保障公众司法知情权方面可以说是迈进了一大步。《民事诉讼法》第一百五十九条规定："公众可以查阅发生法律效力的判决书、裁定书，但涉及国家秘密、商业秘密和个人隐私的内容除外。"《行政诉讼法》第六十五条规定："人民法院应当公开发生法律效力的判决书、裁定书，供公众查阅，但涉及国家秘密、商业秘密和个人隐私的内容除外。"值得一提的是，最高人民法院《关于适用〈民事诉讼法〉的解释》的第二百五十五条还对于公众查阅法院裁判文书中的处理情况进行了较为详细的规定：（1）判决书、裁定书已经通过信息网络向社会公开的，应当引导申请人自行查阅；（2）判决书、裁定书未通过信息网络向社会公开，且申请符合要求的，应当及时提供便捷的查阅服务；（3）判决书、裁定书尚未发生法律效力，或者已失去法律效力的，不提供查阅并告知申请人；（4）发生法律效力的判决书、裁定书不是本院作出的，应当告知申请人向作出生效裁判的人民法院申请查阅；（5）申请查阅的内容涉及国家秘密、商业秘密、个人隐私的，不予准许并告知申请人。行政诉讼法、民事诉讼法在保障司法知情权方面使用了"公众"，明确了除当事人及其代理人之外的社会公众可以查阅已经生效的裁判文书。但现行法律规定的公众查阅范围还仅仅限定在生效的民事行政判决、裁定这个极其狭小的范围内，但毕竟是我国公众司法知情权立法方面的重大进步，值得肯定。

其他国家和地区的立法例，为我国公众查阅法院卷宗权的立法保障可提供参考和借鉴。为了保障当事人和公众对司法信息的知情权，可以由全国人大及其常委会制定统一的《信息公开法》，改变要求司法信息公开"于法无据"的问题。当然，也可以对我国现行的《政府信息公开条例》升格，拓展公开的主体和信息的范围。明确规定"信息"应当是涵盖行政机关、立法机关和司法机关及其他公共机构所有不涉及国家秘密的公共信息，而不仅仅是现行法规定的"行政机关信息"。

在我国公众查阅法院卷宗问题尚未具备充分的理论准备和实践操作情况下，目前进行全国统一的立法也不现实，步子也不宜迈得太大。英美国家采用立法和法院规则的方式赋予公众查阅法院卷宗的权利的作法可供我国借鉴。尽管我国不是判例法国家，但最高人民法院也经常发布司法解释和指导性案例，它对地方各级法院对案件的处理具有重要的影响力。因此，可以考虑由立法机关授权最高人民法院制定司法解释或法院规则的方式赋予公众查阅法院记录的权利。但鉴于我国司法权运作的特点，规定时应尽可能具体，减少法院决定公众是否可以查阅法院卷宗的自由裁量空间。可喜的是，该问题已经得到全国人大常委会委员们的关注和重视。2016年11月5日，全国人大常委会在审议最高人民法院周强院长《关于深化司法公开促进司法公正》报告时，许多委员建议，避免司法公开中的选择性、随意性公开，应将司法公开上升到法律层面。其中李连宁委员表示，司法公开要依法推进，现在最高人民法院有一个推进司法公开的意见，要逐步把它上升到法律层面，或者提请人大常委会作出一个深化司法公开的决定。现在司法公开实际上还有一定的随意性、政策性，哪些该公开、哪些不公开不能由法院定，要有一个法定的安排。① 令狐安委员也表示，"建议最高法院将司法公开上升到法律层面，即在时机成熟时提出建立司法公开制度的立法建议。"② 从现实性来，我国这些年的司法公开也推出了一系列的司法文件，实践中积累的经验也比较丰富，在法院卷宗尤其是生效裁判文书的公开方面形成了较为成熟的制度和做法。这些制度可以为进一步的司法公开，公众查阅法院卷宗制度提供有益的参考。

---

① 参见王梦遥:《全国人大常委会审议最高法关于司法公开的报告:委员建议司法公开加强顶层设计防止公开随意性》，《新京报》2016年11月6日。
② 沙雪良:《全国人大常委会审议最高法关于司法公开的报告:委员建议公开终审判决少数意见》，载《京华时报》2016年11月7日。

(二) 公众查阅法院卷宗的范围

1. 我国法院卷宗的内容

我国现行的法院卷宗按照形成的阶段不同可以分为诉讼卷宗和执行卷宗；按照终结的程序不同可分为一审卷宗和二审卷宗；按照能否公开分为正卷和副卷；按照存在形式可以分为电子卷宗和纸质卷宗。基于产生的不同阶段和案件性质，法院卷宗中的内容不尽相同。通常情况下民事一审普通程序卷宗中会包含下列信息：审判流程信息管理表（卡片）；审理运行时间表；起诉书或口头起诉笔录；立案通知书（诉讼风险提示书、举证通知书）及送达回证；缴纳诉讼费用或减、缓、免手续；应诉通知书（举证通知书）及送达回证；答辩状及附件；原、被告诉讼代理人、法定代表人委托授权书、鉴定委托书及法定代表人身份证明；诉讼保全申请；保全裁定及送达回证；保全措施存根；原、被告举证材料；询问、调查取证材料、证人出庭申请；调解笔录及调解材料（庭前调解）；准备庭笔录；开庭通知、传票及出庭通知书、举证通知书、合议庭成员通知书、开庭公告底稿等各类通知书；开庭审判笔录；判决书、调解书、裁定书正本；宣判笔录；判决书、调解书、裁定书送达回证；上诉案件移送函存根；上级法院退卷函；上级法院判决书、调解书、裁定书正本；证物处理手续；执行手续材料；备考表；证物袋等。如果一审民事案件采用简易程序，法院卷宗中记载的内容较为简略。如果是刑事案件，法院卷宗中通常包含审判流程信息管理表（卡片）；起诉状（自诉状）正本及附件；起诉书送达回证；聘请、指定、委托辩护人材料；自行逮捕决定、逮捕证及对家属通知书；扣押物品清单；查封令、查封物品清单；取保候审、保外就医决定书及保证书；要求补送材料函及补送材料；撤诉书；调查笔录或调查取证材料；鉴定结论；审问笔录；被告人坦白交代、揭发问题登记表及查证材料；延长审限的决定、报告及批复；庭审前工作笔录单及开庭前通知、传票、提押票、换押票；开庭公告底稿；开庭审判笔录（公诉词、辩护词、证人证词、被告人陈述词）；判决书、裁定书正本（刑事附带民事部分的调解书、协议书、裁定书正本）；宣判笔录（委托宣判函及宣判笔录）；判决书、裁定书送达回证；提押票；司法建议书；抗诉书；上诉案件移送书存根；上级人民法院退卷函；上级人民法院判决书、裁定书；执行通知书存根和回执（释放证回执）；赃物、证物移送清单及处理手续材料；备考表；证物袋等。执行案件法院卷宗中记载的法院执行过程形成的材料和信息，以法院的民事执行卷宗为例，其主要包括如下内容：案件执行流程管理信息表、案件登记表；申请执行材料收取清单；申请执行书；移送执行函（公益诉讼裁判生效后移送执行部门用）；委托执行函等表明案件来源的材料；执行依据；受理案件通知书、提供被执行人财产状况告知书、申请执行人举报财产责任书；执行通知书、财产申报表、报告财产令、被执行人报告财产责任书；执行案件参与人主体资格材料；申请执行人、被执行人、案外人举证材料；法院询问笔录、调查笔录、听证笔录、执行笔录、谈话笔录、终本约谈笔录及取证材料；财产查询材料；财产处置材料；行为执行材料；强制措施材料；解除、撤销强制执行措施材料；追加、变更执行主体申请书及相关证明材料；追加、变更执行主体裁定书正本；强制执行裁定书正本；执行和解协议、执行和解笔录；执行和解协议履行情况的证明材料；中止执行、终结执行、终结本次执行、不予执行、驳回申请等执行裁定书及执行凭证；执行款物收取、交付凭证及有关审批材料；执行异议、复议申请及相关材料；撤回执行申请书；延长执行期限材料；委托执行函、受托执行复函；结案相关材料；交纳执行费用相关材料；送达地址确认书、送达回证或其他送达凭证；其他与执行工作相关的材料；备考表；证物袋等。

这是法院卷宗正卷中通常记载的内容，我国还有法院副卷制度，法院副卷中除了卷宗封面、卷内目录、阅卷笔录等形式文件之外，还包括：来访接待情况登记表；风险评估表；案件承办人的审查报告；承办人与有关部门内部交换意见的材料或笔录；有关本案的内部请示及批复；上级法院及有关单位领导人对案件的批示；合议庭评议案件笔录；审判庭研究、汇报案件记录；审判委员会讨论记录；案情综合报告原、正本；判决书、裁定书原本；审判监督表或发回重审意见书；执行方案；执行局（庭）研究案件记录及会议纪要等内容。

2. 公众可以查阅法院卷宗的范围

（1）允许公众全部查阅为原则，不允许查阅为例外。我国现行关于查阅法院卷宗的规定主要是针对当事人及代理人。例如最高人民法院早在2002年就出台了《关于诉讼代理人查阅民事案件材料的规定》（法释〔2002〕39号），规定代理民事诉讼的律师和其他诉讼代理人有权查阅所代理案件的有关材料。《民事诉讼法》第52条明确规定了当事人可以查阅本案有关材料，并可以复制本案有关材料和法律文书，查阅、复制本案有关材料的范围和办法由最高人民法院规定。涉及国家秘密、商业秘密和个人隐私的，当事人及其代理人也可以查阅，但要依照国家有关规定办理，而且诉讼代理人应当保密。根据上述规定，当事人及代理人可以查阅法院卷宗的范围为"本案有关的材料"。相关规定之所以如此，是因为查阅人是民事案件的当事人，查阅自己案件的相关信息不会产生信息披露、扩散的风险。公众查阅法院卷宗时应当与当事人有所区别，法院民事卷宗中调解笔录及调解材料、调解书等材料、执行和解协议、执行和解笔录；执行和解协议履行情况的证明材料等，不宜允许公众查阅。在我国，法院调解或执行和解被看作是当事人在法院主持下自主解决纠纷的结案方式，调解、和解材料也涉及当事人的隐私等个人信息，基本上不涉及到审判权的行使和公共利益，应当将其排除于公众可以查阅卷宗材料之外。同样道理，法院刑事卷宗中刑事附带民事部分的调解书、协议书也应排除在外。也就是说，无论民事卷宗还是刑事卷宗，除了调解材料、调解书之外，法院卷宗中其他的所有与本案有关的信息原则上均应允许公众查阅，但涉及民事公益诉讼调解协议的材料除外。可能有人提出疑问，像审判流程信息管理表、审理运行时间表这些不直接涉及案件事实认定和法律适用的材料，也允许公众可以查阅是否有必要？回答是：首先，这些材料均属于"本案有关的材料"；其次，它们都是法院审判权运行的记录和反映。从公众查阅法院卷宗旨在监督司法权的行使的角度考虑，其应该纳入公众可查阅的范围。如果还是将公众可查阅法院卷宗的范围仅仅集中于事实认定和法律适用方面的材料，那么允许公众查阅判决书、裁决书即可。因为判决书和裁决书是法院认定案件事实、适用法律的最直接体现。这意味着，我国司法公开向纵深推进的工作可以不用进行了，因为现行的《民事诉讼法》《行政诉讼法》在有关条文中已经明确规定了公众可以查阅法院生效的裁判文书。

(2) 公众查阅法院卷宗的限制和例外。除了涉及调解、和解等材料外，下列材料也不允许公众查阅。

第一，涉及国家秘密和商业秘密的材料。国家秘密是指关系国家的安全和利益，依照法定程序确定，在一定时间内只限一定范围的人员知悉的事项。因为其涉及国家利益和国家安全，允许公众查阅恐有损国家利益。涉及国家秘密的材料，公众想知悉只能依照《保守秘密法》等法律的相关规定进行获取。商业秘密是不为公众所知悉，具有商业价值，并经权利人采取相应保密措施的技术信息、经营信息等商业信息。信息的披露、传播会直接损害商业秘密持有人的利益，也不应允许公众进行查阅。

第二，涉及个人隐私的材料不允许公众查阅。具体包括离婚诉讼等家事案件的档案，不涉及公共利益的调解协议等调解材料，刑事案件中被害人的陈述，精神病学报告或其他医学报告等。

第三，涉及未成年信息的材料不允许公众查阅。比如与未成年收养有关的材料、虐待儿童的材料、涉及未成年子女收养、监护的材料等。

第四，法院认为允许公众查阅不妥当的其他材料。在上述材料之外的其他信息，赋予法院裁量权，由其斟酌。在允许公众查阅时有损害公共利益、严重损害个人的利益之虞时，得拒绝公众对法院卷宗的查阅。

鉴于目前法院副卷是我国法院卷宗的重要组成部分，副卷是否也是公众查阅的对象，如果允许公众查阅，查阅的范围是什么，这些问题涉及我国法院副卷制度的改革，容后面我们单独阐述。

(三) 副卷制度的废除

关于法院的副卷，在本书的第四章我们已有较为详细的介绍，对法院副卷制度的存废问题已经表明了态度，在此笔者做进一步的阐释。"副卷"除了卷宗封面、卷内目录、阅卷笔录等形式文件之外，还包括案件承办人的审查报告；承办人与有关部门内部交换意见的材料或笔录；有关本案的内部请示及批复；上级法院及有关单位领导人对案件的批示；合议庭评议案件笔录；审判庭研究、汇报案件记录；审判委员会讨论记录；案情综合报告原、正本；判决书、裁定书原本；审判监督表或发回重审意见书；执行方案；执行局

(庭)研究案件记录及会议纪要；法律文书签发件；证物袋；及其他不宜对外公开的材料等。传统观念认为，保留法院的副卷具有以下好处：保证了正卷内容的一致性，便于维护判决的权威，使正卷公开的材料维护了审判者依法独立审判的形象；方便法院间沟通，保护法官，减少不必要的麻烦；推进司法公开，不能以本案涉密为由而不让律师查阅全案，便于律师查阅案情；做全案记录，作为错案倒查的依据。但不少学者批评"有关本案的内部请示及批复"等内容规定在副卷之中，是对于办案人员错误意见的放任包庇，使社会公众无法对其进行有效监督，从根本上滋生了人情案、权力案和金钱案，也为权力寻租、司法腐败提供了空间"[1]。对于副卷制度的存废问题，学者们也有不同的意见。陈有西认为副卷制度的存在是客观存在，副卷的"含金量"很高，主张在保留副卷制度的前提下对其进行一定的改革。他认为，副卷的存在有利于保存真实的历史细节和证据，有利于震慑非法的司法干预，还原冤案真相，但同时要建立副卷解密年限制度，在规定律师保密义务的前提下，允许律师查阅副卷以及压缩副卷内容、范围等。[2] 具体的操作可以如下：首先，废止违背现行法律、法规的一些做法。像案件的内部请示及批复、承办人与有关部门内部交换意见的材料或笔录、上级法院及有关单位领导人对案件的批示等材料都应首先废除。其次，将对外公开阻力较小的诉讼材料如阅卷笔录、案件综合报告、法律文书签发件等材料先转入正卷。第三，将没有明文规定但实践中被归入副卷保存的诉讼材料转入正卷，如量刑评议表或量刑测算表；取保、逮捕、延长审限审批表等。考虑到现实国情、司法环境以及法院和办案人员的承受力，有些材料对外公开会遭遇较大的阻力。待时机成熟后像审判庭研究、汇报案件记录、审判委员会研究案件记录及会议纪要等这类材料，也要全部转入正卷，供当事人、诉讼代理人以及辩护人查阅。

刘仁文的观点则与陈有西不同。他认为法院副卷存在，不符合司法公开和审判公开的发展趋势，违反独立行使审判权的司法规律和我国严禁干预司

---

[1] 赵霄洛，盛斌，陈鹤：《法院"副卷一律不对外公开"缺乏法律基础》，载《中国律师》2011年第4期。
[2] 参见陈有西：《法院副卷如何兼顾公开、专业与科学性？》，载《民主与法制》2017年第11期。

法活动的规定，限制并缩小了当事人、诉讼代理人以及辩护人的阅卷权，背离了现代诉讼证据裁判原则的基本要求等问题。① 笔者赞同刘仁文的观点。为什么法院副卷不能公开？无非是现在的法院副卷记载了公权力干预司法、上级法院的批复指示、难以为公众所接受的个别评议意见等诸多"不便公开"的信息罢了。这种状况是与世界公认的司法规律和我国明确的法律规定相违背的。不能以"存在的就是合理的"的言辞搪塞和辩护。对于这种现象，有学者分析得好，"合议庭成员或者主管领导均是害怕因为自己的意见而自己被当事人缠诉，为了保护自己，遂果断采取了以不公开方式把相关材料存入副卷，事实上这就是一种缺乏担当的行为"②。如果我们一方面扩大公众查阅法院卷宗的范围，另一方面依然维持"副卷"制度，公众对法院卷宗的查阅范围的拓展就毫无意义。

如果公开法院副卷的内容，公众可以查阅，那么法院用副卷保存审判秘密的意义将不存在，也就意味着法院副卷的废除；但保留法院副卷制度不允许当事人和公众查阅，又违反现行法律的规定和司法公开的宗旨，这似乎是一个悖论。尽管有学者对我国法院副卷制度予以保留同时进行改革的建议不无道理，但这种折衷主义的、不彻底的改革，造成的结果是进退维谷，左右失据。与其如此，不如以壮士断腕之勇气，彻底废除我国法院的副卷制度。将现在副卷的部分内容纳入正卷，部分属于工作秘密的审判秘密内容上升为国家秘密进行保护。

（四）公众查阅法院卷宗的途径

公众对法院记录的获取可以分为亲自到法院的获取和网上远程在线获取两种。两种获取的方式并驾齐驱，还是应当有所区别？对于该问题，具有悠久司法公开传统的美国，也有类似的争论。在美国，理论上存在两个获取法院记录的路径：一个就是"公共就是公共"（public-is-public）；另一个是"实

---

① 参见刘仁文：《法院副卷如何实现逐步公开？》，载《民主与法制》2017年第11期。
② 唐树军，崔军委，史庆艳：《正当时：废除另立副卷制度的思考——从深化司法体制改革的角度》，http://tjjxfy.chinacourt.org/article/detail/2017/02/id/2546633.shtml。

践朦胧"(practical-obscurity)。① 前者对所有的法院记录一视同仁,无论这些记录的存在形式或所在位置。如果要限制公众的获取,所考虑的是文件中记录类型和是否应当被公开。任何在法院记录室可以被公众获取的记录和信息,在互联网上通过远程在线方式也能被获取。而后者,公众获取法院记录的路径则将关注的问题点集中在电子文件信息的曝光上。它为公众提供可供打印法院记录的法院记录室,在法院的卷宗记录室也可能提供在线的电子获取方式,但记录室外再无其他的电子获取方式。它试图通过将获取的方式限制在仅在法院的记录室查阅,更大程度地保护法院记录涉及的个人信息。我国学者于志刚在谈到全面公开审判卷宗问题时,观点与第二种路径比较接近,他认为,"对此再次需要明确的是,审判卷宗的可查阅并非可以自由地上网下载或查询,审判卷宗的公开也不是简单地等同于审判卷宗的上网,而是赋予社会公众在特定机构、特定场所获取相关案件审判卷宗信息的机会和权利"②。

笔者倾向于第一种思路。赞同第二种思路的可能认为,允许网上远程获取和直接到法院去获取法院记录一样,但个人信息被泄露、盗取的可能性就会大大增加,将对个人隐私权造成严重威胁。但事实可能并非如此,因为到法院记录室通过查阅、复制、摘抄所获得的法院记录照样可以在网上散布。结果是,只要允许公众可以去法院记录室复印这些文件,他就可以将这些信息上传私人网站,传播这些信息,并可以向其他试图获取这些信息的人收费,借此从买卖公共信息中赚钱,进而侵蚀旨在保护隐私权的这些限制。例如,2001年,一个在驾驶中被杀的跑车手的尸检照出现在互联网站,网站的所有者是从弗罗里达 Volusia 县法医办公室得到的打印照。根据弗罗里达公共记录法,当时照片是作为可以获取的公共记录。但同年,弗罗里达州立法将尸检照片从公共记录法中排除出去了。当照片不再是公共记录,仅仅允许到法院记录室的这种获取记录方式也就没有必要了。像网站所有者一样动机的发布照片的任何人,他们能复制该记录,也能扫描它,发布给全世界看。尽管

---

① See D. R Jones. Protecting the Treasure: An Assessment of State Court Rules and Polictics for Access to Online Civil Court Records. Drake L. Rev. Vol. 61 (2013).
② 于志刚:《全面公开审判卷宗的建议与制度设计》,载《中共中央党校学报》2016年第4期。

仅仅在法院记录室获取可以限制获取文件的人数，但也仅提供了有限的或虚幻的保护。上述例子说明，将公众查阅法院卷宗区分为远程获取和通过卷宗室的获取并区别对待在实际上是没有意义的。如果要保护法院卷宗中所涉及个人信息，有必要转向区分卷宗文件或信息的性质上。比如可以通过立法或法院规则的方式明确规定某些有关未成年人的身份信息、性侵案件中受害人或证人的信息、家事案件中的信息，不属于公众可以获取的记录范围。也可对获取的主体做出区分对待，当事人、律师、政府机构获取法院记录的范围可适当大于一般公众。因此，笔者对我国公众查阅法院卷宗的态度十分明确。其一，充分利用现代互联网信息技术的优势，在坚持传统纸质方式获取的同时，大力发展网上远程获取的方式。其二，这两种获取法院记录的尺度和范围应一视同仁，不应区分对待，以方便公众获取法院记录，实现司法公开的最大化。

（五）公众查阅法院卷宗的事由和手续

1. 公众查阅法院卷宗的理由

公众查阅法院卷宗是司法公开中依申请公开，公众通过线上或线下方式向法院申请查阅法院卷宗时是否需要说明理由？实践中，当事人或其代理人申请查阅法院卷宗是有需要的。笔者认为，无论是个人，还是公众查阅法院卷宗均无需说明理由。修订后的《政府信息公开条例》的做法值得借鉴。修订前的"条例"第十三条规定，公民、法人或其他组织可以根据"三需要"即生产、生活、科研等需要向信息公开机构申请获取政府信息。然而实践中，该规定却被行政机关理解成对申请人资格条件的一种限制，"三需要"也一度成为公众申请政府信息公开的门槛。行政机关要求申请人对符合"三需要"进行说明或提供相应证据，只有达到了其认可的"三需要"标准才能获取相关政府信息，这无疑不利于保障公众知情权。尽管从最初的立法本意来看，立法机关并没有将"三需要"设置成申请政府信息公开的限制条件的目的，然而"三需要"的要求却演化为申请政府信息公开必备的前提条件。因此，修订后的《政府信息公开条例》毅然删除了"三需要"的规定。公众在申请查阅法院卷宗时，如果要求说明查阅的理由，也势必会出现上述"条例"实施中出现的问题。不要求公众在查阅法院卷宗时说明理由，对公众而言，取消了申请查阅法院卷宗的资格限制，公众在申请查阅时就不需再对查阅的理由作出合理说明或提供相应证据，有利于公众司法知情权的实现。

2. 公众查阅法院卷宗的程序性限制

在取消公众申请查阅法院卷宗说明理由的同时，要注意的问题就是公众申请查阅权的滥用问题。如果公众申请查阅法院卷宗的数量、频次明显超过合理范围，法院可以要求申请人说明理由。法院认为申请理由不合理的，告知申请人不予处理；法院认为申请理由确实合理，但无法在规定的期限内答复申请人的，可以确定延迟答复的合理期限并告知申请人。对于法院已就申请人提出的查阅法院卷宗申请作出答复、申请人重复申请查阅相同的法院卷宗的，告知申请人不予重复处理。

3. 公众查阅法院卷宗的手续

公众申请线下查阅法院卷宗的，如果是自然人应当提交身份证或其他有效身份证明；如果是法人的，应当提交法人营业执照、法定代表人身份证明、社会统一信用代码；申请人是非法人组织的，应当提交行政登记证明、负责人身份证明、社会统一信用代码。填写"查询、复制诉讼档案申请表"，可以查阅或复制诉讼档案有关内容。申请表的内容包括申请者的信息如姓名、性别、年龄、单位、住址等；诉讼档案的案号等。档案管理办公室应当在接到申请之日起合理的时期内进行审查处理，并通过书面、电话、手机短信、电子邮件或者其他即时通信等方式及时答复申请人。

公众申请线上查阅法院卷宗的，通过电脑或手机搜索官方统一的"电子法院"，进入官方网站，注册登录。登录成功后，点击"申请网上阅卷"等按钮，进入申请流程。点击"选择法院"确定案件所属法院，选择完成后点击"下一步"；进入申请登记页面，选择申请查阅案件的案号，填写申请信息，上传身份证明材料。

结 论

公众查阅法院卷宗这一议题在我国是一个极具挑战性的话题。挑战首先来自议题本身，其不是某项业已成熟或形成共识的具体制度。具体的司法制度具有相对固定成型的内容和范式，更容易把握，研究中可参考的文献资料相对较为丰富，研究中"走偏"的可能性也较小。公众查阅法院卷宗及其制度在某种意义上是我们理论型构的概念，其与司法公开存在紧密的关系，但又不是一回事。正如本书所论，关于司法公开的理论和实践在我国还是比较丰富的，而作为"权利型"司法公开的重要表现形式的公众查阅法院卷宗，无论在理论抑或是实践层面都比较缺乏；从民众对公众查阅法院卷宗的认知来看，也是相当隔膜。这些因素在一定程度上使得我们的研究有些"超前"，必须面对的是直接研究文献的缺乏。直接文献的缺乏一直是我们研究中遇到的最大问题。为了克服该问题，我们首先收集了大量的英文文献，其大多数是英美法系国家的研究成果；其次是在中文文献中提炼、汲取有价值的内容。尽管如此，通过我们的研究，还是得出来一些初步的结论。

第一，公众查阅法院卷宗是"权利性"司法公开的重要形式，是我国司法公开深入发展的必然方向。尽管我国的司法公开工作取得了令人鼓舞的成绩，但从整体上看，其还属于"权力型"的司法公开，不是"权利型"的司法公开，其与司法公开保障当事人及公众的知情权、参与权、监督权的旨趣仍有一定的距离。为了实现这些旨趣，提升司法裁判的可接受度和公信力，我国的司法公开必须实现从"权力型"到"权利型"的转换，而允许公众查阅法院卷宗的司法公开就是"权利型"司法公开的重要形式和抓手。

第二，公众查阅法院卷宗的权源来自于公众的司法知情权。作为公法意义上的公众司法知情权，从权利属性看，属于基本人权的范畴。其是个权利束，它有多个具体的权利构成，可以细分为司法信息接近权、公开请求权和救济权等。司法知情权本质上是基本人权，它是一种道德性权利，必须将其法律化，转化为法定权利。许多国家或地区通过立法相继将知情权这种应有人权变成了法定的人权。其由宪法规定并保障就成了宪法上的基本权利，由其他法律规定则成了具体的权利。我国现行宪法上没有"知情权"的明确规定，公民知情权只能在宪法规定的人民主权原则、监督权、审判公开等原则中推导得出。现行宪法很难为制定公众的知情权尤其是司法知情权提供明确的宪法依据。我国对公众司法知情权的保护主要通过诉讼法的规定予以体现。尽管三大诉讼法中没有明确出现"知情权"或"司法知情权"的字眼，但从规定的内容看就是公众的司法知情权。行政诉讼法、民事诉讼法在保障司法知情权方面使用了"公众"的字眼，明确了除当事人及其代理人之外的社会公众可以查阅已经生效的裁判文书。但查阅权只是司法知情权权利束中一部分内容，现行法律规定的公众查阅范围还仅仅限定在生效的民事行政判决、裁定这个极其狭小的范围内。

第三，英美的普通法传统具有司法公开的长久历史，在对待公众对司法的参与、司法过程的公开等方面普遍持积极的支持态度，在公众查阅法院记录方面，无论理论研究，抑或是法律实践上都极为成熟。这些国家往往通过宪法、立法、判例或法院规则赋予公众享有查阅法院卷宗的权利。

第四，从公众查阅法院卷宗的制度表达和实践探索看，我国的公众查阅法院卷宗才刚刚起步，而且是极为谨慎的一小步。各地法院建立信息平台，名义上是方便"公众"查阅法院的记录，但从实际运作的情况看，各级法院进行的允许公众查阅法院卷宗的做法是名实不副的。它们多数打着社会公众查阅的旗号，实际上还是将查阅的主体限定在传统的当事人及其代理人或辩护律师这个范围内。公众查阅法院卷宗其实就是"螺丝壳中做道场"，查阅的卷宗内容限定在生效的民事行政判决、裁定内。公众可查阅法院卷宗的范围实际上是极其狭窄的，像立案决定书、上诉状、答辩状、抗诉状、合议庭的少数意见、庭审记录、庭审录像等其他种类繁多的法院记录大量地被排除在可以查阅的范围之外。

第五，构建我国公众查阅法院卷宗的制度具有现实必要性。我国司法公开中存在的痼疾，恰恰是缺乏像公众查阅法院卷宗制度这样一种基于权利保障的、由公众进行外在监督制度所致。公众查阅法院卷宗制度是司法公开的重要内容，也是目前我国司法公开的短板，因此，我们要做的不是满足于司法公开的成绩而裹足不前，而是通过公众查阅法院卷宗制度的建构将司法公开向纵深推进。构建我国的公众查阅法院卷宗制度要在坚持司法公开和保障公众司法知情权基本价值的前提下，尽量衡平个人信息保护的价值。从具体的操作看，首先是将公众查阅法院卷宗的要求上升为法律权利。可以考虑由立法机关授权最高人民法院制定司法解释或法院规则的方式赋予公众查阅法院卷宗的权利。但鉴于我国司法权运作的特点，规定时应尽可能具体，减少法院决定公众是否可以查阅法院卷宗的自由裁量空间。在允许公众可查阅法院的卷宗范围上，无论民事卷宗还是刑事卷宗，除了调解材料、调解书、涉及国家秘密和商业秘密的材料、涉及个人隐私的材料、涉及未成年人信息的材料以及法院认为不宜由公众查阅的材料之外，所有与本案有关的信息原则均应允许公众查阅，但涉及民事公益诉讼调解协议的材料除外。同时，彻底废除我国的法院副卷制度和审判秘密制度，现在副卷的部分内容可纳入正卷，部分属于工作秘密的审判秘密上升为国家秘密进行保护。在查阅方式上，公众可以通过线上和线下两种查阅方式。无论这些记录的存在形式或所在位置，任何在法院档案室可以被公众查阅的记录和信息，在互联网上通过远程在线方式也应允许公众查阅。公众在向法院提出查阅法院卷宗时无需说明理由，但为了防止公众滥用查阅权，可以进行必要的程序性限制。

笔者是国内较早对公众查阅法院卷宗问题进行专门研究的学者之一。2019年，笔者在《法治现代化研究》上发表的小文《公众查阅法院记录：现状、比较与建构》，较为全面地论述了公众查阅法院记录的缘起、概念，我国目前公众查阅法院卷宗的框架，西方国家公众查阅法院记录的立法例，并对我国公众查阅法院记录制度的建构提出了论纲式的建议，本书的基本框架基本上就是以该文的思路展开。可以说，在某种意义上，本书将我国关于司法公开方面的研究向前推进了一小步。读者可能在一定范围内认同本书的观点，但该议题如果能够引起理论和实务界的关注，起到抛砖引玉之作用，足矣。但笔者的研究依然留下诸多缺憾。因为相关直接研究文献的缺乏，我们不得不从大量的间接文献出发，再进行提炼、整理，在一定程度上影响了研究的深度。因为副卷、审判秘密的"敏感性"，对法官、社会公众对于公众查阅法院卷宗认知度的实证性测评也展开得不够。诸多缺憾也只能在后续的研究中进行弥补了。

主要参考文献

(一) 中文著作

[1] 毕玉谦.民事诉讼架构下的司法公开[M].中国政法大学出版社,2020.

[2] 樊崇义.诉讼原理[M].法律出版社,2003.

[3] 高一飞.审判公开基本原理[M].中国检察出版社,2023.

[4] 李荣珍.司法信息公开的理论探讨与制度构建[M].法律出版社,2019.

[5] 林爱珺.知情权的法律保障[M].复旦大学出版社,2010.

[6] 刘敏.民事诉讼法学:原理·案例·司考[M].中国法制出版社,2015.

[7] 倪寿明.司法公开研究[M].中国政法大学出版社,2011.

[8] 田禾.司法透明国际比较[M].社会科学文献出版社,2013.

[9] 王利明,等.人格权法[M].法律出版社,1997.

[10] 王小林.司法公开理路研究[M].法律出版社,2015.

[11] 谢鹏程.公民的基本权利[M].中国社会科学出版社,1999.

[12] 张新宝.隐私权的法律保护[M].群众出版社,1997.

(二) 中文期刊

[1] 北京一中院课题组.关于加强司法公开建设的调研报告[J].人民司法,2009(5).

[2] 陈沛文.论司法公开的必要限度:以副卷制度为着眼点分析[J].成都理工大学学报,2016(4).

[3] 陈庆华,李立景.新媒体时代公众司法知情权实现困境与保障[J].成都行政学

院学报,2017(3).

[4] 陈有西.法院副卷如何兼顾公开、专业与科学性?[J].民主与法制,2017(11).

[5] 陈玉忠.中国司法的实质公开及其保障[J].河北大学学报(哲学社会科学版),2021(5).

[6] 党振兴.法官视域下司法公开问题探究[J].贵州警官学院学报,2020(4).

[7] 杜刚建.知情权制度比较研究:当代国外权利立法的新动向[J].中国法学,1993(2).

[8] 高一飞.公民司法知情权要论[J].中州学刊,2015(10).

[9] 高一飞.论数字化时代美国审判公开的新发展及其对我国的启示[J].学术论坛,2010(10).

[10] 顾宁峰."权力本位"范式下司法公开制度的反思:以民事审判程序公开为研究尺度[J].上海政法学院学报(法治论丛),2012(2).

[11] 关升英.美国司法公开制度及其启示:关于赴美学习考察司法公开制度有关情况的报告[J].山东审判,2014(6).

[12] 韩朝炜,朱瑞.裁判文书上网与当事人隐私权保护的冲突与衡平[J].法律适用,2012(4).

[13] 扈君.论公开审判与保守审判工作秘密的界限及关系[J].河北大学学报(哲学社会科学版),2004(1).

[14] 黄文艺.司法公开意义深远[J].法制与社会发展,2014(3).

[15] 姜树正.民众知情权视域下的司法公开进路[J].山东审判,2013(5).

[16] 蒋惠岭.新形势下深化司法公开策论[J].中国法律,2016(6).

[17] 蒋惠岭.只有公开审判,没有"内部"司法:司法公开制度面临的挑战与改革[J].民主与法制,2011(25).

[18] 蒋丽华.美国法院档案开放与隐私权保护研究[J].中国档案,2018(12).

[19] 李国际,夏雨.知情权的宪法保护[J].江西社会科学,2007(2).

[20] 李后龙,葛文.怀疑、信赖与民事案件材料公开:以公众知情权为核心的考察[J].法律适用,2013(1).

[21] 李静.司法公开的功能、体系及保障[J].中国党政干部论坛,2013(4).

[22] 李娜.知情权与司法公开法治化[J].学术探索,2016(8).

[23] 李帅.司法改革视角下法院副卷公开研究[J].云南社会科学,2018(5).

[24] 李祥波.限制工作秘密范围 保障公民知情权[J].北京电子科技学院学报,2016(3).

[25] 李友根.裁判文书公开与当事人隐私保护[J].法学,2010(5).

[26] 梁艺.工作秘密不予公开的合法性反思:从杨婷婷高考试卷"调包"案切入[J].时代法学,2015(2).

[27] 刘爱良.美国司法信息公开制度及其对我国的启示[J].湖南警察学院学报,2012(4).

[28] 刘金波.严格界定司法秘密 积极推进司法公开[J].人民司法,2014(15).

[29] 刘敏.论司法公开的深化[J].政法论丛,2015(6).

[30] 刘敏.司法公开的扩张和限制[J].法学评论,2001(5).

[31] 刘仁文.论我国法院副卷制度的改革[J].法学评论,2017(1).

[32] 刘树德.司法公开的中国表达[J].中国法律,2013(6).

[33] 刘艺.知情权的权利属性探讨[J].现代法学,2004(2).

[34] [美]托马斯·爱默生.论当代社会人民的了解权[J].法学译丛,1979(2).

[35] 莫江平,陆幸福.知情权名称厘定与性质分析[J].郑州大学学报,2004(4).

[36] 牛月.试论我国公众知情权与独立审判权之间的平衡[J].新疆社科论坛,2014(1).

[37] 皮纯协.知情权与情报公开制度[J].山西大学学报(哲学社会科学版),2000(4).

[38] 沈定成,孙永军.司法公开的权源、基础及形式:基于知情权的视角[J].江西社会科学,2017(2).

[39] 宋超.公开与保密:政府信息公开立法的焦点[J].安徽大学学报,2005(1).

[40] 宋立峰,魏冬云.独立与公开:司法公正的保障——从我国的民事司法制度之副卷谈起[J].长白学刊,2003(2).

[41] 宋宗宇,陈丹.论人民法院生效裁判文书的公众查阅机制[J].法学杂志,2014(1).

[42] 孙宝云.尽快将"敏感信息"从国家秘密中分离出来[J].兰台世界,2015(8).

[43] 孙海龙,张琼.基层法院深化司法公开的实践对策[J].人民司法,2015(1).

[44] 孙永军.公众查阅法院记录:现状、比较与建构[J].法治现代化研究,2019(2).

[45] 孙佑海.司法审判去行政化是国家治理体系和治理能力现代化的重要突破口

[J].法制与社会发展,2014(6).

[46] 谭世贵.论司法信息公开[J].北方法学,2012(3).

[47] 汤维建.民事庭审程序优质化改革的理论与实践[J].贵州民族大学学报(哲学社会科学版),2016(3).

[48] 王晨光.借助司法公开深化司法改革[J].法律适用,2014(3).

[49] 王阁.裁判文书网上公开背景下的当事人信息保护制度:基于对H省三级法院的实证调研[J].社会科学家,2017(6).

[50] 王平正.公法意义上的知情权解读[J].河北法学,2007(7).

[51] 王韶华.司法公开与审判秘密[J].人民司法,2014(5).

[52] 王信芳.裁判文书公开合议庭不同意见的探索与思考[J].政治与法律,2004(2).

[53] 王业华.美国法院电子记录公共访问系统建立二十周年[J].法制资讯,2009(2).

[54] 温金来.司法公开的内部功能和外部功能[J].人民司法,2015(3).

[55] 谢佑平,万毅.司法行政化与司法独立:悖论的司法改革——兼评法官等级制与院长辞职制[J].江苏社会科学,2013(1).

[56] 印波.法院副卷制度:阶层主义的残余[J].民主与法制,2017(11).

[57] 游伟.司法公开切忌"选择性公开"[J].法律资讯,2010(11).

[58] 于志刚.全面公开审判卷宗的建议与制度设计[J].中共中央党校学报,2016(4).

[59] 张红菊.英国信息公开制度及其特点[J].中国监察,2009(2).

[60] 张武.司法公开程序保障中的权利意识[J].人民司法,2014(13).

[61] 张新宝,王伟国.司法公开三题[J].交大法学,2013(4).

[62] 张新宝,昌雨莎.已公开裁判文书中个人信息的保护与合理利用[J].华东政法大学学报,2022(3).

[63] 张新民.我国政府信息公开工作发展与展望[J].情报理论与实践,2008(6).

[64] 赵霄洛,盛斌,陈鹤.法院"副卷一律不对外公开"缺乏法律基础[J].中国律师,2011(4).

[65] 赵宗亮.道德权利与法律权利浅论[J].唯实,2008(7).

[66] 浙江省高级人民法院联合课题组.司法如何沐浴阳光:"阳光司法"在浙江的实践与思考[J].法治研究,2012(1).

[67] 周永坤.司法的地方化、行政化、规范化:论司法改革的整体规范化理路[J].苏

州大学学报,2014(6).

[68] 左卫民.中国刑事案卷制度研究:以证据案卷为重心[J].法学研究,2007(6).

(三) 中文译著

[1] [美]Wayne R. LaFave,等.刑事诉讼法(下)[M].卞建林,等译.北京:中国政法大学出版社,1998.

[2] [美]罗纳德·德沃金.法律帝国[M].李常青,译.北京:中国大百科全书出版社,1996.

[3] [日]松尾浩也.日本刑事诉讼法(上卷)[M].张凌,译.北京:中国人民大学出版社,2005.

[4] [意]切萨雷·贝卡里亚.论犯罪与刑罚[M].黄风,译.北京:中国大百科全书出版社,1993.

(四) 中文报纸

[1] 崔艺红.深化司法公开 彰显法治文明[N].人民法院报,2014-2-20.

[2] 李静.略论司法公开的功能、体系及保障[N].人民法院报,2013-12-25.

[3] 董伟.一场被法外力量左右的审判[N].中国青年报,2005-12-7.

[4] 郭京霞,孙志远.北京推行网上查阅诉讼档案服务[N].人民法院报,2014-8-15.

[5] 加拿大新斯科细亚省法院行政办公室.媒体、公众与法院关系实务指南(2004)[N].蒋惠岭,译.人民法院报,2013-11-15.

[6] 姜旭,肖晟程.判决书亮不同意见 当事人享阳光司法[N].中国知识产权报,2018-7-18.

[7] 沙雪良.全国人大常委会审议最高法关于司法公开的报告:委员建议公开终审判决少数意见[N].京华时报,2016-11-7.

[8] 邵克.裁判文书审委会意见公开之利弊[N].民主与法制时报,2016-2-25.

[9] 谭畅,桂天舒.用于追责,还是用于翻案:解密法院"副卷"[N].南方周末,2019-1-10.

[10] 王梦遥.全国人大常委会审议最高法关于司法公开的报告:委员建议司法公

开加强顶层设计防止公开随意性[N].新京报,2016-11-6.

[11] 王韶华.司法公开,还有很长的路要走[N].人民法院报,2014-6-29.

[12] 薛志勋."围观时代"的司法挑战与应对[N].人民法院报,2015-10-9.

[13] 余文唐.广州海事法院的有关做法和效果[N].人民法院报,2003-3-24.

[14] 张建伟.历久弥新的话题:解读司法公开的五个角度[N].人民法院报,2013-7-29.

[15] 张书勤.加强党对司法工作的领导和支持[N].人民法院报,2018-12-18.

[16] 张振华.美国联邦法院案件管理和电子档案系统简介[N].人民法院报,2015-8-14.

[17] 邹钢.拓展司法公开广度深度 努力克服"选择性公开"[N].人民法院报,2015-1-28.

[18] 最高人民法院司改办.裁判文书公开的域外经验[N].人民法院报,2013-11-22.

(五)外文著作

[1] [日]芦部信喜.现代人权论:违宪判断的基准[M].东京:有斐阁,1984.

[2] Leonor Rossi and Patricia Vinagre e Silva. Public Access to Documents in the EU[M]. Oxford: Hart Publishing, 2017.

(六)外文期刊

[1] Phillip Montague. Government. the Press, and the People's Right to Know[J]. Journal of Social Philosophy, 1997, 28(2): 68-78.

[2] Dorota Mokrosinska. The People's Right to Know and State Secrecy[J]. Canadian Journal of Law & Jurisprudence, 2018, 31(1): 87-106.

[3] Stephen J. Schultze, The Price of Ignorance: The Constitutional Cost of Fees for Access to Electronic Public Court Records[J]. The Georgetown Law Journal, 2018, 106(4): 1197-1226.

[4] Jordan Elias. "More Than Tangential": When Does the Public Have a Right to Access Judicial Records?[J]. Journal of Law and Policy, 2021, 29(2): 367-405.

[5] Talia Schwartz Maor. Reconciling Privacy and Right to Information in Electronic

Access to Court Records[J]. King's Student Law Review, 2016, 7(2):76-101.

[6] Amanda Conley, Anupam Datta, Helen Nissenbaum, and Divya Sharma. Sustaining both Privacy and Open Justice in the Transition from Local to Online Access to Court Records: A Multidisciplinary Inquiry[J]. Maryland Law Review, 2012, 71(3):773-847.

[7] Jones D R. Protecting the Treasure: An Assessment of State Court Rules and Policies for Access to Online Civil Court Records[J]. Drake Law Review, 2013, 61(1):375-422.

[8] Laura W. Morgan. Strengthening the Lock on the Bedroom Door: The Case Against Access to Divorce Court Records on Line[J]. Journal of the American Academy of Matrimonial Lawyers, 2001, 17(7):45-67.

[9] May R D. Public Access to Civil Court Records: A Common Law Approach [J]. Vanderbilt Law Review, 1986, 39(5):1465-1505.

[10] George F. Carpinell. Public Access to Court Records in Civil Proceedings: The New York Approach[J]. Albany Law Review, 1989, 54(2):93-121.

[11] Arminda Bradford Bepko. Public Availability or Practical Obscurity: The Debate Over Public Access to Court Records on the Internet[J]. New York Law School Law Review, 2005, 49(3):967-991.

[12] Gregory M. Silverman. Rise of the Machines: Justice Information System and the Question of Public Access to Court Records over the Internet[J]. Washington Law Review, 2004, 79(1):175-221.

[13] Arthur R. Miller. Confidentiality, Protective Orders, and Public Access to the Courts[J]. Harvard Law Review, 1991, 105(2):427-502.

[14] Vanessa Yeo. Access to Court Records: The Secret to Open Justice[J]. Singapore Journal of Legal Studies, 2011, 31(December):510-532.